R. Möckel

Das Wunder der Entstehung des Neuen Testaments

Gottes zuverlässige Urkunde (Teil 2)

Bildnachweis

S. 15 Alexander Franke
S. 27 Peter Santor
S. 56 ideen-archiv

Bibelzitate nach der Revidierten Elberfelder Übersetzung

Möckel, Rudolf:
Das Wunder der Entstehung des Neuen Testaments

ISBN 3-89436-166-2

Satz: CV Dillenburg
Umschlaggestaltung: Eberhard Platte, Wuppertal
Druck: Elsnerdruck, Berlin
Printed in Germany

Inhalt

Fragment 7Q5
Markus 6,52-53

TEIL 1: DIE EVANGELIEN

1. Einleitung: Eine entscheidende Frage

Wie zuverlässig sind die Evangelien?

Das ist keineswegs eine unwichtige oder gar überflüssige Frage. Und dafür gibt es einen sehr einfachen Grund:

Der Glaube braucht verlässliche, glaubwürdige Tatsachen als Fundament. Fehlen diese Tatsachen, dann hängt der Glaube in der Luft.

➜ Warum soll ich an Jesus glauben, wenn es ihn so, wie die Evangelien ihn schildern, niemals gab?

➜ Warum soll ich an Jesus glauben, wenn er wenig oder nichts von dem gesagt oder getan hat, was von ihm berichtet wird?

➜ Warum soll ich an Jesus glauben, wenn die Berichte von seiner Auferstehung nichts weiter als die fromme Fiktion einiger überreizter Jünger gewesen sind?

➜ Warum soll ich ein Leben zum Beispiel nach den hohen Maßstäben der Bergpredigt Jesu führen, wenn alles in der Luft hängt?

Das sehen viele (insbesondere auch jüngere) Menschen nicht ein. Und sie wenden sich ab. Sie sagen: »In einer nüchternen, harten Welt zählen Fakten. Ich werde mein Leben doch nicht auf unglaubwürdige, fromme Geschichten bauen.«

Also: Glaube braucht Tatsachen! Die Tatsachen ersetzen den zwar Glauben nicht. Aber sie geben ihm ein festes Fundament. Und darum geht es. Es geht um die zentrale Frage, wie verlässlich die Informationen sind, die das Neue Testament uns über Jesus liefert.

Wie zuverlässig sind die Evangelien in dem, was sie über Jesus berichten?

Um diese Frage zu beantworten, werden wir folgendermaßen vorgehen:

Wir werden zunächst fragen, ob es außerhalb der Bibel verlässliche Informationen über Jesus gibt. Danach wenden wir uns dann den Evangelien des Neuen Testaments zu: Wir werden die Sicht der Bibelkritiker über die Entstehung der Evangelien kennenlernen, und sie auf ihre Stichhaltigkeit prüfen, indem wir fragen, was die Evangelien selbst über ihre Entstehung verraten.

Wir werden dann weiter untersuchen, was die Archäologie zur Zuverlässigkeit der Evangelien zu sagen hat und wir werden uns abschließend dann den vieldiskutierten Schriftrollenfunden von Qumran am roten Meer zuwenden, die angeblich die Berichte der Evangelien widerlegen sollen.

2. Informationen von außerhalb: Was andere über Jesus berichten

Zunächst: Es sind vor allem die Evangelien, die uns Informationen über Jesus geben.

Aber es gibt einige außerbiblische Quellen, die Jesus auch erwähnen.

Da ist zunächst **Julius Africanus**, ein Historiker, der Anfang des dritten Jahrhunderts nach Christus geschrieben hat. Julius Africanus zitiert in seinem Werk einen Historiker des 1. Jahrhunderts nach Christus mit Namen *Thallus*[1], der eine Chronik der Weltgeschichte verfasst hat und darin eine besondere und höchst ungewöhnliche Finsternis im Land Judäa erwähnt, die zeitlich ziemlich genau mit dem Zeitpunkt der Kreuzigung Jesu zusammenfällt und eine eindrucksvolle Bestätigung von Matthäus 27,45 darstellt, wo eine besondere und höchst ungewöhnliche Finsternis mitten am Tag im Zusammenhang mit der Kreuzigung Jesu erwähnt wird.

Als weiterer außerbiblischer Zeuge ist **Plinius der Jüngere** zu nennen. Plinius war Anfang des zweiten Jahrhunderts römischer Legat in Bithynia-Pontus. Er schickte an seinen Kaiser in Rom (Trajan) eine Anfrage, wie er mit der Gruppe der Christen umgehen solle, die den religiösen Kaiserkult verweigerten.

Plinius schreibt, dass die Christen sich regelmäßig treffen und Lieder singen, die sich an Christus richten, »als wäre der ein Gott«. Das heißt: Plinius wusste, dass Jesus als Mensch auf Erden gelebt hat, und er findet es ungewöhnlich, dass die Christen diesen Menschen nun als einen Gott verehren.[2]

Der Historiker **Tacitus** (er lebte ebenfalls Anfang des zweiten Jahrhunderts) beschreibt die Christen als Leute, die ihren Namen von Christus haben, einem Mann, der aufgrund eines Urteils des Prokurators Pontius Pilatus zur Regierungszeit des Kaisers Tiberius in Judäa hingerichtet wurde.[3] Tacitus Angaben decken sich genau mit den Informationen, die das NT über Jesus liefert.

Zu etwa derselben Zeit wie Tacitus schreibt der Historiker **Sueton**. Er erwähnt die Vertreibung der Juden aus der Stadt Rom zur Regierungszeit von Kaiser Claudius (41 - 54 n. Chr.). Der Grund für die Ausweisung der Juden war ein größerer Konflikt zwischen Juden und (Juden-)Christen in der Stadt Rom. Sueton schreibt, dass der Anführer der Christen ein gewisser Chrestus gewesen sei. Sehr wahrscheinlich ist damit Christus gemeint, von dem Sueton (fälschlicherweise) annimmt, dass er eine Art Aufrührer gewesen ist. Immerhin wird durch seine Notiz klar, dass es bereits Anfang der fünfziger Jahre in Rom eine größere Gruppe von Menschen gab, die Christus als ihren Herrn bekannten.[4]

Der mit Abstand wichtigste außerbiblische Zeitzeuge ist der jüdische Historiker **Flavius Josephus** (*37 n. Chr.). In seinen *Antiquitates*[5] referiert er, was er von Christen über ihren Glauben erfahren hat. Bis auf wenige kleine Ergänzungen geht diese Notiz historisch gesichert auf Josephus zurück. Josephus schreibt:

»Zu dieser Zeit gab es einen weisen Menschen namens Jesus. Und sein Wandel war gut und (er) war als tugendhaft bekannt. Und viele Leute aus den Juden und den anderen Völkern wurden seine Jünger. Pilatus verurteilte ihn zur Kreuzigung und zum Tode. Und alle, die seine Jünger geworden waren, blieben in der Jüngerschaft. Sie berichteten, dass er ihnen drei Tage nach seiner Kreuzigung erschienen sei und dass er lebendig sei; demnach war er vielleicht der Messias, über den die Propheten Wunder erzählt haben.«[6]

Es wird deutlich: So interessant die verschiedenen außerbiblischen Notizen über Jesus sind und so sehr sie die biblischen Informationen bestätigen, so liefern sie doch nicht mehr als nur ein sehr dürres Informationsgerippe. Die entscheidenden Lieferanten für Informationen über Jesus bleiben also die Evangelien. Wenden wir uns ihnen jetzt zu.

3. Die Entstehung der Evangelien aus bibelkritischer Sicht

Die wichtigsten (weil ausführlichsten) Quellen, die zur Verfügung stehen, wenn man etwas über Jesus erfahren will, sind, wie gesagt, die Evangelien des Matthäus, Markus, Lukas und Johannes.

Die ersten drei Evangelien werden auch die Synoptiker (von Syn-opsis = Zusammenschau) genannt, weil sie viele Texte (Berichte) enthalten, die sprachlich und inhaltlich eine große Nähe zueinander aufweisen. Auch das Johannesevangelium hat viele Berichte mit den drei Synoptikern gemeinsam, weicht aber sprachlich z. T. ab und enthält auch eine Reihe von Berichten, die in den drei anderen Evangelien nicht vorkommen. Es wird darum nicht zu den Synoptikern gezählt, was natürlich nichts über den historischen Wert seiner Berichte und Überlieferungen sagt.

Rudolf Bultmann

Die neutestamentliche Wissenschaft hat in den vergangenen 50 Jahren insbesondere die drei ersten Evangelien (Matthäus, Markus und Lukas) sehr intensiv bearbeitet und versucht, ihren historischen Wert, ihre historische Verlässlichkeit zu bestimmen. Richtungsweisend für die Erforschung der Entstehung der Evangelien wurden insbesondere zwei neutestamentliche Theologen: *Rudolf Bultmann* und *Ernst Käsemann*.

Bis heute ist ihr Einfluss in der neutestamentlichen Wissenschaft bedeutend. Die Ergebnisse ihrer Forschungen stehen inzwischen in zahllosen Schulbüchern und werden landauf, landab in den Gemeinden, z. B. in Bibelkursen oder im Konfirmandenunterricht als gesicherte Erkenntnisse verbreitet.

Natürlich hat es auch nach Bultmann und Käsemann viele andere Neutestamentler (Conzelmann, Marxsen, Bornkamm) gegeben, die in ihren Fußtapfen gegangen sind, neue Erkenntnisse gewannen und hier und da auch Korrekturen angebracht haben. Grundsätzlich aber ist der Einfluss der zwei »Gründerväter« ungebrochen. Darum wollen wir jetzt - holzschnittartig - ihre Ergebnisse anschauen[7]:

Allgemein kann man sagen: Ihr Urteil über die historische Zuverlässigkeit der Evangelien war vernichtend! Bultmann hat einmal sinngemäß gesagt: »Die echten Jesusworte hätten auf einer Postkarte ohne weiteres Platz.« Alles andere sei, so meinte er, Erfindung, Hinzufügung der christlichen Gemeinde.

Wie kam es zu solch einem vernichtenden Urteil?

Bultmann und Käsemann hatten eine ganz bestimmte Vorstellung (Bild) davon, wie es in den ersten christlichen Gemeinden zuging und wie dort die Evangelien entstanden. Dieses Bild sah ungefähr so aus:

1. Die ersten Christen waren nicht interessiert an Fakten aus dem Leben Jesu (»Biographie Jesu«). Sie lebten in dem Glauben, dass Jesus auferstanden sei. Was Jesus in seinem Erdenleben gesagt und getan hatte, war für sie - bestenfalls - zweitrangig.

2. Die Berichte über Worte und Taten Jesu wurden ungeordnet weitergegeben (quasi »über den Gartenzaun« als »Stille Post«) und entsprechend verändert.

3. Wenn es nötig war (und die Gemeinde gerade in besonderen Auseinandersetzungen steckte, zum Beispiel mit ihrer jüdischen oder heidnischen Umwelt), erfand sie - natürlich in bester Absicht - neue Worte Jesu, die sie ihm dann in den Mund legte. Die Evangelien geben also nicht Worte und Taten Jesu wieder, sondern sind Bildungen der nachösterlichen Gemeinde. Diese Sicht der Dinge hatten vor Bultmann bereits Wilhelm Wrede und Julius Wellhausen vertreten. In seiner »Theologie des NT« schreibt Rudolf Bultmann darum die erstaunlichen Sätze: »Die Verkündigung Jesu gehört zu den Voraussetzungen der Theologie des NT und ist nicht ein Teil dieser selbst. Denn die Theologie besteht in der Entfaltung der Gedanken, in denen der christliche Glaube sich seines Gegenstandes, seines Grundes und seiner Konsequenzen versichert.«[8]

4. In den Gemeinden gab es anonyme christliche Propheten, die der Überzeugung waren, dass der auferstandene Jesus durch sie sprach. Auch diese Aussprüche ungenannter christlicher Propheten gelangten unkontrolliert als Worte des irdischen Jesus in die Evangelien.

5. Die Gemeinde sah Jesus als den Messias, was Jesus (nach Bultmanns Urteil) nie sein wollte. Darum stellte sie Jesus in den Evangelien auch überhöht dar und erfand zum Beispiel die Berichte von der Jungfrauengeburt und seiner Auferstehung, sowie die Wundergeschichten.

6. Später wurden die unkontrolliert umlaufenden Jesus-Geschichten gesammelt, noch einmal verändert und nach besonderen Interessen gestaltet und niedergeschrieben.

So entstanden nach Auffassung von Bultmann und Käsemann die heutigen Evangelien.

Daraus folgt als Fazit: Nach Bultmanns und Käsemanns Urteil sind die Evangelien als historische Dokumente wertlos und unglaubwürdig, weil die christliche Gemeinde das Bild des wirklichen Jesus tiefgreifend übermalt, verfälscht und überhöht hat.[9]

Und diese Sicht der Dinge ist falsch.

Nachweisbar falsch!

Die Vorstellung, die Bultmann, Käsemann und viele nach ihnen von den ersten christlichen Gemeinden hatten, ist inzwischen als Fiktion entlarvt worden.

Wie war es wirklich?

4. Die Entstehung der Evangelien: Tatsachen und Hintergründe

Historisch nachweisen lässt sich vor allem zunächst mal eines: Jesus trat auf als Lehrer und wurde auch als »Lehrer« angesprochen. Das hebräische Wort für Lehrer ist »*rabbi*«. Im griechischen Text des Neuen Testaments wurde die Anrede »*rabbi*« zum Teil ins Griechische übersetzt (*didaskale*, 28mal), zum Teil auber auch direkt übernommen. Dann wurde das hebräische Wort Rabbi einfach mit griechischen Buchstaben geschrieben: »*rabbi*«. Diese direkte Übernahme eines hebräischen Wortes ins Griechische ist auffällig. Sie zeigt, dass die Anrede »*rabbi*« für Jesus etwas so Typisches gewesen sein muss, dass sie direkt als hebräisches Lehnwort in die griechisch verfassten Evangelien übernommen wurde. Bei solchen Lehnworten (es gibt noch mehr: zum Beispiel das hebräische »*amen*« oder die Gottesanrede »*abba*«) ist eines historisch sicher: Sie gehen sicher auf Jesus zurück und waren für ihn besonders typisch. Bei den hebräischen Lehnworten befinden wir uns also auf Urgestein verlässlicher historischer Überlieferung. Dass Jesus als »*rabbi*« angeredet wurde und auch als solcher auftrat, ist historisch sicher. Jesus hat sich übrigens auch selbst als Lehrer/Rabbi bezeichnet (Mt 26,18 par; Mt 10,24f par).

Weiter: Kleine Details, die jedenfalls unabsichtlich - also ohne spezielles Interesse in die Evangelien gelangten, unterstreichen die Tatsache, dass Jesus wie einer der damaligen Lehrer/Rabbiner auftrat:

Mehrere Male wird im Neuen Testament berichtet, dass er sich zum Lehren hinsetzte (Mt 5,1) - das taten nur die Rabbiner.

Berichtet wird auch, dass Jesus Schüler (Jünger) um sich scharte, die ihn begleiteten. Auch das war typisch für die Rabbiner, die regelmäßig Schüler um sich scharten , um sie zu unterrichten.

Jüdischer Rabbiner während einer Bar-Mizwa-Feier

Wichtig ist: Die Bezeichnung Jesu als »*rabbi*« - Lehrer - findet sich nur in den Evangelien, nicht in den anderen Schriften des Neuen Testaments. Wäre diese Anrede eine Erfindung der ersten Gemeinden gewesen, dann müsste sie sich auch in den anderen neutestamentlichen Schriften auffinden lassen. Das aber ist nicht der Fall.

Historisch gesichert ist also: Jesus trat auf wie einer der damaligen Rabbiner, er lehrte wie sie, und er scharte Schüler um sich.

Natürlich gibt es auch Unterschiede: *Jesus* berief seine Jünger, nicht sie wählten ihn. Die Jünger vollzogen auch keinen »Lehrerwechsel«, wie es sonst bei Rabbinerschülern üblich war. Ungewöhnlich ist auch Jesu Aufforderung an seine Jünger, auch in Leiden und Tod bei ihm zu bleiben.

Die Rabbiner hatten nun eine ganz bestimmte Methode des Lehrens, die damals nicht nur in Israel, sondern auch in den Prophetenschulen Griechenlands sehr verbreitet war: Es war die mnemotechnische Lehrweise, das Auswendiglernen. Das heißt: Zentrale Lehrinhalte wurden den Schülern von deren Lehrern (Rabbiner) immer wieder vorgesprochen, bis sie sie auswendig beherrschten.

Diese besondere Lernmethode war darum so wichtig, weil damals nur vergleichsweise wenige Menschen lesen und schreiben konnten und auch Papier oder Pergament unverhältnismäßig teuer waren. Damit das Auswendiglernen einfacher wurde, fassten die Rabbiner ihre Lehre in einprägsame, knapp gefasste Worte, oft Bildworte mit Stichwortverbindungen.

Auswendiggelernt wurden bei den Rabbinern nicht nur zentrale Inhalte ihrer Lehren, sondern auch kurz gefasste Streitgespräche, die mit einem klärenden Ausspruch des Rabbiner endeten. Zum Lernstoff zählten weiter auch

Kurzberichte über besondere, herausragende Handlungen eines Rabbiner, wenn sie für seine Lehre von Bedeutung waren. Vor allem anderen lehrten die Rabbiner das Alte Testament und seine Auslegung. Ihre Lehre war also voller alttestamentlicher Zitate und Anspielungen.

Jüdischer Rabbiner mit Schülern

Was finden wir bei Jesus? Wir finden kurze, einprägsame, knapp gefasste Worte, viele Bildworte, oft mit Stichwortverbindungen, Gleichnisse, Beispielerzählungen von hoher Eindringlichkeit. Wir finden kurz gefasste Streitgespräche, die mit einem klärenden Wort von Jesus enden. Wir finden Kurzberichte von besonderen Handlungen Jesu, die seine Verkündigung eindrucksvoll unterstreichen (z.B. die Heilung des Gelähmten, Mk 2,1-12). Wir finden viele alttestamentliche Zitate und Anspielungen.

Das legt das Ergebnis nahe, dass Jesus, wie die Rabbiner, seine Jünger lehrte, indem er sie auswendiglernen ließ.

Wichtig ist dabei, eine richtige Vorstellung von den intellektuellen Fähigkeiten der Menschen damals zu haben. Ihre Fähigkeit auswendig zu lernen war ungleich trainierter als das bei Menschen heute der Fall ist[10]: Es gab Rabbiner, die die fünf Bücher Mose auswendig konnten oder die alttestamentlichen Prophetenbücher (17) oder beides. Es gab Rabbiner, die große Teile des Talmud (Kommentar zum Alten Testament) auswendig konnten.

Heute beherrschen Folkloresänger (Barden) in Irland oder Jugoslawien bis zu 100.000 Worte aus ihrer traditionellen Überlieferung, die sie mit geringen Abweichungen memorieren und vortragen können. Zum Vergleich: Das Markusevangelium enthält nur 11.000 Worte.

Also: Die Weitergabe von Lehrstoff durch Auswendiglernen war eine Methode, die für eine geordnete und präzise Überlieferung sorgte! Der Vergleich mit dem »Weitererzählen über den Gartenzaun« und der »Stillen Post« ist also nicht nur irreführend, sondern nachweisbar falsch (vgl. 1Kor 15,3-5 *paradidomai*; vgl. 1Kor 11,23-25; 11,2; empfangen: Gal 1,9; Phil 4,9; 1Thes 2,13; 4,1.2; 2Thes 3,6).

Später hat Jesus seine Jünger zu zweit ausgesandt. Dies kann als historisch gesichert gelten, weil es von den Evangelien unabhängig voneinander berichtet wird. Die Jünger verbreiteten die Lehre Jesu unter dem einfachen Volk. Auch deswegen hat Jesus ihnen sehr einfache, leicht zu behaltende, einprägsame Stoffe beigebracht, die auch von einfachen Leuten aufgenommen und erinnert werden konnten. Das heißt: Die ersten drei Evangelien (Matthäus/Markus/Lukas) enthalten vor allem Lehrstoffe, die für die breite Masse gedacht waren. Das Johannesevangelium enthält demgegenüber vermehrt auch Inhalte, die nur für die Jünger gedacht waren. Darum finden sich im Johannnesevangelium auch längere Redepassagen Jesu an seine Jünger und ausführlicher wiedergegebene Diskussionen mit Schriftgelehrten (vgl. dazu: Mt 11,25-27; Joh 3,1-21 - Nikodemus; Joh 6 - Diskussion in der Synagoge Kapernaums; Joh 8 - Diskussion in Jerusalem; Joh 14-17 - Reden an die Jünger).

Wichtig ist: Die Jünger waren nicht einfach ungebildete Leute. Es existierten bereits vor und zu Lebzeiten Jesu Elementarschulen für alle jüdischen Jungen.

Einige der Jünger (z. B. der Zöllner Matthäus, möglicherweise auch die Fischer Simon Petrus und Andreas) gehörten damals zur Mittelschicht, nicht zum Proletariat. Sie hatten mit Sicherheit Schreibkenntnisse. Sie konnten neben hebräisch sehr wahrscheinlich auch griechisch sprechen bzw. schreiben. Das war in einer multikulturellen Gesellschaft wie dem Israel des 1. Jahrhunderts (hellenistisch und römisch beeinflusst) auch keineswegs ungewöhnlich.[11]

Es ist unzutreffend, dass die Jünger Jesu und später die christliche Gemeinde kein biographisches Interesse an den Worten Jesu gehabt hätten. Schon die Schüler ganz normaler Rabbiner bewahrten die Worte ihres Lehrers mit Hingabe. Die Jünger Jesu hatten aber noch ein viel stärkeres Motiv. Sie waren zu der Erkenntnis gekommen, dass Jesus der Messias, der Sohn Gottes war. Also war jedes seiner Worte von höchster Wichtigkeit und musste bewahrt werden. Gerade die Überzeugung der Jünger, dass Jesus mehr war als ein normaler Mensch, war ein absolut starkes Motiv, seine Worte und Taten präzise zu bewahren.

Dass das tatsächlich so war, beweist vor allem ein Textabschnitt, der ganz am Anfang des Lukas-Evangeliums steht. Lukas schreibt als Einleitung zu seinem Evangelium:

Da es nun schon viele unternommen haben, einen Bericht von den Ereignissen zu verfassen, die sich unter uns zugetragen haben, wie sie uns die überliefert haben, die von Anfang an Augenzeugen und Diener des Wortes gewesen sind, hat es auch mir gut geschienen, der ich allem von Anfang an genau gefolgt bin, es dir, hochedler Theophilus, der Reihe nach zu schreiben, damit du die Zuverlässigkeit der Dinge erkennst, in denen du unterrichtet worden bist. (Lukas 1,1-4)

Also: Lukas bezieht sich auf Augenzeugen. Er hat sie befragt. Augenzeugen, die von Anfang an dabei waren und miterlebten, was Jesus redete und tat, also Jünger Jesu.

Weiter: Lukas ist »allem von Anfang an *genau* gefolgt«. Dafür steht im griechischen Text *»akriboos«*, davon kommt das deutsche Wort: akribisch - genau. Also: Lukas ist sehr geordnet zu Werke gegangen.

Weiter: Augenzeugen sind »Diener des Wortes« geworden. Das ist ein terminus technicus für Leute, die in den Gemeinden die Aufgabe hatten, für die geordnete und präzise Weitergabe von Lehrinhalten zu sorgen.

Also: Die Jünger Jesu waren Augenzeugen. Sie erlebten mit, was Jesus tat, und sie lernten seine Lehre auswendig. Sie waren optimal ausgestattete Zeugen. Diese Jünger wurden später in der Gemeinde dann »Diener des Wortes«, d. h. sie achteten darauf, dass die Informationen über Jesus präzise weitergegeben wurden. So kamen Informationen über Jesus, seine Lehre, sein Leben und Sterben und seine Auferstehung auf geordnetem Wege in die Evangelien hinein.

Und noch etwas: Jesus und seine Jünger sind durch ganz Palästina gezogen, um das ganze Volk Israel zu erreichen. Mit Sicherheit hat es Menschen gegeben, die an ihn glaubten, aber in ihren Orten wohnen blieben.[12] Maria und Martha (Lk 10,38-41) oder der Hauptmann von Kapernaum (Mt 8,5-13). Sie waren natürlich in ihrer jüdischen Umwelt eine Minderheit und hatten von daher ein hohes Interesse daran, die Lehren und Taten Jesu zu bewahren, um darüber nachzudenken und danach zu leben. Daher haben wir schon zu den irdischen Lebzeiten Jesu mit schriftlichen Aufzeichnungen über seine Lehre und sein Leben zu rechnen, die dann später, nach Prüfung durch die »Diener des Wortes« (Jünger), in die Evangelien gelangten.

Noch einmal: Informationen über Jesus kamen durch Augenzeugen und auf geordnetem Weg in die Evangelien hinein.

Die ersten christlichen Gemeinden waren in ihrer Umwelt eine Minderheit und sie standen tatsächlich in zahlreichen Auseinandersetzungen. Darin hat Bultmann recht. Aber: Keiner der wesentlichen Konflikte der ersten Gemeinden spiegelt sich in den Evangelien wider. Im Gegenteil!

Zum Beispiel: die Beschneidung. Sie war ein heiß diskutiertes Problem zwischen den Christen und ihrer jüdischen Umwelt. Aber: Von diesem Konflikt findet sich nichts in den Evangelien!

Oder: Die Geistesgaben - ihre Praxis brachte an manchen Orten Probleme mit sich (z. B. das Zungenreden in Korinth). Davon findet sich nichts in den Evangelien!

Und: Die Heidenmission - Jesus hatte sich zunächst auf Israel beschränkt und seinen Jüngern zu seinen irdischen Lebzeiten die Heidenmission nicht erlaubt. Die Gemeinde, für die die Heidenmission eine große Rolle spielte, hätte das unterschlagen können, hat dies aber nicht getan, sondern im Gegenteil wahrheitsgetreu berichtet.

Und weiter: In 1. Korinther 7,10-12 behandelt Paulus die Frage der Ehescheidung. Er beruft sich auf ein klares Wort von Jesus, das die Ehescheidung verbietet. Und dann fährt Paulus fort: *»Den übrigen aber sage ich, nicht der Herr: Wenn ein Bruder eine ungläubige Frau hat und sie willigt ein, bei ihm zu wohnen, so entlasse er sie nicht.«* Paulus betont, dass er hier einen persönlichen Rat gibt, weil es zu diesem Sonderfall keinen besonderen Befehl Jesu gibt. Aber eines tut er ausdrücklich nicht: Er erfindet kein neues, passendes »Jesuswort«! Eine gute Gelegenheit wäre es gewesen!

Daran wird deutlich: Die ersten Gemeinden standen in zahlreichen Konflikten. Aber keiner dieser Konflikte führte dazu, dass neue Jesusworte gebildet und ihm dann in den Mund gelegt wurden. Die Gemeinden unterschieden also sehr klar zwischen ihrer Zeit und der Zeit des irdischen Wirkens Jesu; zwischen dem, was sie selbst sagten, und dem, was Jesus gesagt hatte.

Das gilt auch für den Menschensohntitel, eine Selbstbezeichnung Jesu. Sie findet sich nur in den Evangelien, nicht aber in den Briefen. Wäre der Menschensohntitel eine Erfindung der christlichen Gemeinde, müsste er sich auch in den Briefen finden, was aber nicht der Fall ist.

Also: Die christliche Gemeinde bildete keine neuen Jesusworte, sondern unterschied sehr genau zwischen Jesu Worten und ihren eigenen.

Natürlich gab es in den christlichen Gemeinden Propheten, die auch prophetisch redeten, also Worte des auferstandenen Jesus an die Gemeinde weitergaben. Aber es gab keine anonymen Propheten. Sie nannten ihren

Namen. Und: Sie machten ihre Botschaften eindeutig als prophetische Worte kenntlich (vgl. z. B. Apg 11,27-28; 21,10-11: Agabus).

Ein gutes Beispiel dafür ist das einzige prophetische Buch des Neuen Testaments, das Buch der Offenbarung, das tatsächlich Worte des auferstandenen Jesus enthält. Bezeichnenderweise behauptet aber der Jünger Johannes, der dieses Buch geschrieben hat, nicht, dass er Worte des irdischen Jesus weitergibt, sondern: Er nennt als erstes deutlich seinen Namen und danach betont er, dass alles, was folgt eine Prophetie ist. D. h. er macht seine Prophetie als Prophetie kenntlich:

»Offenbarung Jesu Christi, die Gott ihm gab, um seinen Knechten zu zeigen, was bald geschehen muss; und indem er sie durch seinen Engel sandte, hat er sie seinem Knecht Johannes kundgetan, der das Wort Gottes und das Zeugnis Jesu Christi bezeugt hat, alles, was er sah. Glückselig, der liest und die hören die Worte der Weissagung und bewahren, was in ihr geschrieben ist! Denn die Zeit ist nahe.« (Offenbarung 1,1-3)

Also: Es hat in den ersten christlichen Gemeinden keine anonymen Propheten gegeben, deren Prophetien dann als Weisungen des irdischen Jesus in die Evangelien gelangten. Vielmehr war es so, dass äußerst klar zwischen Prophetien und originalen Worten Jesu unterschieden wurde.

Aus den bisherigen Ausführungen ist deutlich geworden, dass Bultmanns und Käsemanns Bild von den ersten christlichen Gemeinden und ihre Vorstellung von der Entstehung der Evangelien nicht der Wirklichkeit entspricht. Auch ihr negatives Urteil über die historische Zuverlässigkeit der Evangelien erweist sich damit als Fehlurteil. Dies wird auch durch einige interessante archäologische Funde und Entdeckungen unterstrichen, die wir jetzt kennenlernen wollen.

5. Informationen aus der Archäologie

Das Johannesevangelium erwähnt in Kapitel 5,1-18 einen Teich Bethesda in Jerusalem, an dem Jesus einen gelähmten Mann heilt. Und: In Kapitel 19,13 spricht Johannes von dem sogenannten »Hochpflaster« (Gabbata), auf dem Pilatus das Todesurteil gegen Jesus fällte.

Ausgrabungen in Jerusalem: Reste der Teichanlagen von Bethesda

Beide Angaben wurden lange bezweifelt und ins Reich der Phantasie verwiesen. So lange bis Archäologen sowohl den Teich Bethesda[13] als auch das Hochpflaster[14] des Pilatus ausgruben und damit die präzisen Angaben des Johannesevangeliums eindrucksvoll bestätigten.

Gefunden wurde in jüngster Zeit auch das Familiengrab des Hohenpriesters Kaiphas. Die Grabstätte enthält mehrere Ossarien (Knochensärge), in denen die Knochen der Toten nach ca. einem Jahr noch einmal bestattet wurden. Die Ossarien tragen als Aufschrift die Namen der Bestatteten, die sämtlich zur Familie des Hohenpriesters Kaiphas gehören. Dass es sich tatsächlich um die Zeit des Kaiphas handelt, wird an einer Münze deutlich, die im Schädel eines der Toten gefunden wurde (eine heidnische Sitte, die zeigt, wie weit heidnische - hellenistische - Bräuche bereits bis in die Kreise der Hohenpriester eingedrungen waren) und die den Namen des Herrschers über Judäa in der Zeit zwischen 41 - 44 n. Chr. trägt. Die Historizität des Hohenpriesters Kaiphas (Mt 26,57-68) ist damit bewiesen.[15]

Interessant sind auch Funde, die bei Ausschachtungsarbeiten in der Jerusalemer Grabeskirche gemacht wurden: Zum einen wurde ein Stück der authentischen Anhöhe des Golgatha-Felsens freigelegt. Dabei stieß der italienische Archäologe Vasilius Tsaferis auf einen breiten Riss im Felsen, der aus dem 1. Jahrhundert nach Christus stammt und der nur von einem Erdbeben herrühren kann: ein eindrucksvoller Beleg für die Ereignisse, wie sie in Matthäus 27,31-56 berichtet werden.[16]

Weiter fand Tsaferis einen originalen Haltering, der als Halterung für die Stricke gedient hat, mit der die Kreuze befestigt wurden. Ein weiterer Hinweis darauf, dass die

Grabeskirche in Jerusalem tatsächlich auf dem Golgathafelsen steht.[17]

Bezweifelt wurde lange Zeit auch der Bericht von der Heilung des Dieners des Hauptmanns von Kapernaum (Mt 8,5-13). Rudolf Bultmann hat diesen Bericht ins Reich der Legende verwiesen mit dem Hinweis, dass es in Kapernaum nie eine Garnison und damit auch keinen Hauptmann gegeben habe. Lange Jahre schien es, als sollte er Recht behalten.

Doch dann kam die Wahrheit ans Licht. In einem Bericht des Rheinischen Merkur vom 5. Juni 1992 heißt es:

»Jesus ... hatte ... auch keine Berührungsängste gegenüber der römischen Besatzungsmacht. Ein klassisches Beispiel dafür ist der Evangelienbericht vom Hauptmann von Kapernaum. Man hat das gern in den Bereich der Legende verwiesen - Spuren einer römischen Garnison gab es in Kapernaum ja nicht. Nun zeigt aber der zuständige Archäologe Vassilios Tsaferis erstmals die von ihm wieder ausgegrabene Garnison, komplett mit Badeanlage und dem Haus des Kommandierenden - eben des ›Hauptmanns von Kapernaum‹. Dass Tsaferis sich nach jahrelangen Untersuchungen nun darauf festlegt, dass dies alles hier war, als Jesus in Kapernaum wirkte: Das lässt das Umfeld des ›unbekannten Jesus‹ wieder ein gutes Stück greifbarer werden.«

Doch damit nicht genug: Unter dem Titel »Wenige Buchstaben, die viel bewegen« berichtete der »Rheinische Merkur«[18] Ende 1991 über einen aufsehenerregenden Fund in den Höhlen von Qumran: Mitte der vierziger Jahre waren nahe der verlassenen Essenersiedlung Qumran in Höhlen Pergamente und Papyrusrollen von über 2000 Jahren Alter gefunden worden, die nahezu das gesamte Alte Testament umfassten. Bei der Entzifferung weiterer kleiner Papyrusfragmente stellte sich überraschend heraus, dass sie möglicherweise auch Texte aus dem Neuen Testament enthielten.

Die Höhlen von Qumran

Mehrere kleine Papyrusfragmente aus Höhle 7 bei Qumran hatten den Papyrologen lange Zeit Rätsel aufgegeben. Sie ließen sich nämlich weder dem AT noch irgendeinem anderen Text der bekannten antiken griechischen Literatur zuordnen. Auch ein ausgeklügeltes Computerprogramm, in das man die gesamte bekannte antike Literatur eingespeist hatte, half nicht weiter. Mehr einer Laune als nüchterner Überlegung folgend, versuchte der spanische Papyrologe José O'Callaghan nun, die strittigen Papyrie Texten des Neuen Testaments zuzuordnen. Überraschenderweise ließen sich zwei der gefundenen Papyrie sofort unschwer zuordnen. Es handelte sich zum einen um einen Abschnitt aus dem Markus-

Fragment 7Q5
Markus 6,52-53

Fragment 7Q4
1.Timotheus 3,16 - 4,3

evangelium und zum anderen um einen Abschnitt aus dem 1. Timotheusbrief des Paulus. Graphologische und chemische Untersuchungen ergaben: Die Papyrie sind beide Anfang der 50er Jahre nach Christus entstanden.

Natürlich löste O'Callaghans These eine rege Diskussion aus. Gegner und Befürworter seiner Ergebnisse meldeten sich zu Wort. Inzwischen kann aber jedenfalls die Zuordnung des Fragments aus dem Markusevangelium als im Wesentlichen gesichert gelten.

Die neutestamentliche Wissenschaft hatte das Markusevangelium bisher auf das Jahr 70 datiert. Plötzlich wurde dies alles hinfällig. Mehr noch: Wenn das Fragment des Markus auf Anfang der 50er Jahre zu datieren war, dann war das Original des Markus wahrscheinlich Mitte der vierziger Jahre entstanden, wenig mehr als 10 Jahre nach Jesu Tod und Auferstehung. Wenig mehr als 10 Jahre liegen also zwischen den Ereignissen, von denen Markus berichtet und der Abfassungszeit seines Evangeliums. Die Berichte, die er verwendet hat, sind damit noch näher an den Ereignissen, vielleicht im Abstand von nur wenigen Jahren.

Es gibt keinen einzigen historischen Bericht der Antike, der in so geringem zeitlichen Abstand von den Ereignissen entstanden ist. Dies ist ein starkes Argument für die Zuverlässigkeit der Evangelien. Die Gegner der Christen hätten damals Unwahrheiten und Unkorrektheiten der in den Evangelien berichteten Ereignisse sofort aufgegriffen.

Noch viel brisanter ist die eben genannte Entdeckung eines Fragments aus dem l. Timotheusbrief. Die bisherige Datierung lautete auf 120 - 130 n. Chr. Dem Apostel Paulus wurde die Verfasserschaft für diesen Brief abgesprochen und statt dessen die These vertreten, ein anderer habe unter dem Pseudonym des Paulus (so bisher die einhellige Meinung der kritischen Neutestamentler) diesen Brief verfasst.

Wenn sich die These erhärtet, dass es sich bei dem untersuchten Papyrus um einen Abschnitt aus dem 1. Timotheusbrief handelt, wäre mit einem Schlag dies alles hinfällig. Das Fragment ist auf jeden Fall vor dem Jahr 68 n. Chr. entstanden.[19] Der Originalbrief wäre dann noch etwas früher anzusetzen. Damit wäre erstens die Datierung auf 120 - 130 n. Chr. als grober Irrtum erwiesen und zweitens die paulinische Verfasserschaft mehr als wahrscheinlich geworden.

Zwischenergebnis: Jesus wirkte als Lehrer. Informationen über seine Lehre, sein Leben und Sterben wurden geordnet und präzise weitergegeben und gelangten so in die heutigen vorliegenden Evangelien. Die Genauigkeit der Überlieferung wird durch archäologische Funde eindrucksvoll bestätigt.

Viel Aufregung gab es allerdings um einige archäologische Funde, die, wenn man den Presseberichten glauben durfte, die Berichte der Evangelien eindeutig als falsch entlarvten.

6. Die Schriftrollenfunde von Qumran[20]

Lange Zeit waren die Schriftrollenfunde vom Toten Meer eine Angelegenheit, die fast ausschließlich Bibelwissenschaftler, Papyrologen, Archäologen und Historiker interessierte. Das änderte sich, als im September 1991 mit großem Werbeaufwand das Buch »Verschlusssache Jesus - Die Qumranrollen und die Wahrheit über das frühe Christentum« der amerikanischen Journalisten Michael Baigent und Richard Leigh veröffentlicht wurde. Allein in der Bundesrepublik wur-

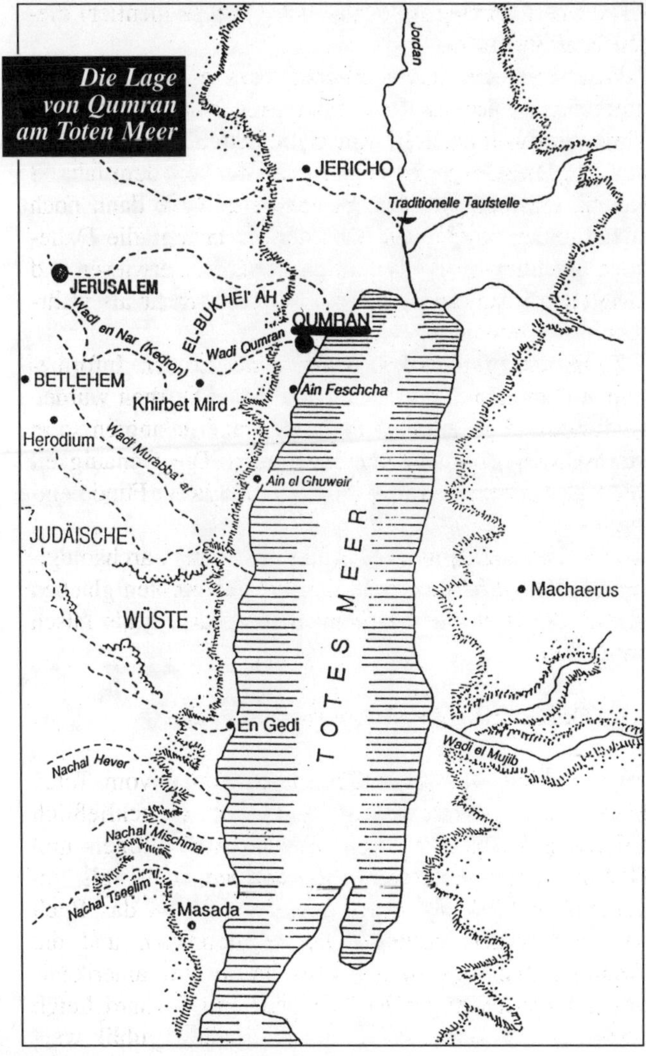

Die Lage von Qumran am Toten Meer

den innerhalb kurzer Zeit rund 400.000 Exemplare dieses Buches verkauft.

Die Zentralthese von »Verschlusssache Jesus« besagt folgendes: Die Schriftenfunde von Qumran stellten das, was die Evangelien über Jesus berichten, fundamental in Frage. Die Geschichte der Urchristenheit müsse völlig neu geschrieben werden. Wegen der inhaltlichen Brisanz der Funde von Qumran habe der Vatikan eine Veröffentlichung eines Großteils der Schriften bis heute verhindert. Die Schriftrollen vom Toten Meer seien darum zur »Verschlusssache« geworden.

Von der Öffentlichkeit wurden diese Thesen bereitwillig aufgenommen. Fernsehen und Massenmedien sorgten dafür, dass sie auch noch in den allerletzten Haushalt transportiert wurden. Theorien und Behauptungen wurden als wissenschaftlich erhärtete endgültige Ergebnisse ausgegeben.

Wie stand es mit dem Wahrheitsgehalt der aufsehenerregenden Thesen von Michael Baigent und Richard Leigh? Was war dran an den Behauptungen von Robert

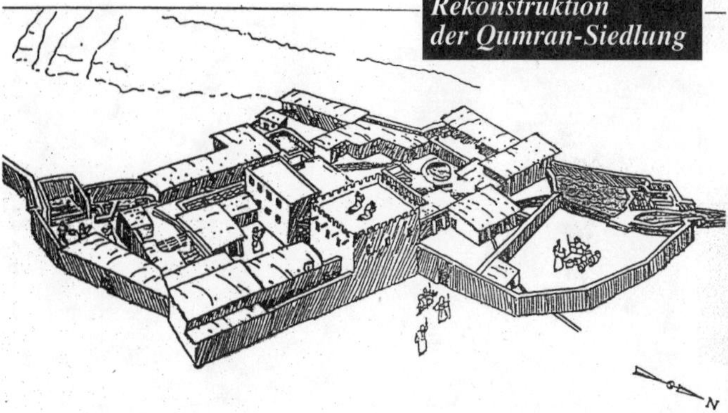

Rekonstruktion der Qumran-Siedlung

H. Eisenman, Professor für Religionen des Alten Orients in Long Beach, Kalifornien, dem geistigen Vater von »Verschlusssache Jesus«? Schauen wir uns die Sachlage an.

Zunächst: In den Jahren 1947-48 wurden in der Nähe des Ruinenhügels Qumran am Toten Meer in insgesamt 11 Höhlen Schriftrollen und Schriftrollenfragmente gefunden, die vor allem Texte des AT aber auch bisher unbekannte Texte enthielten.

Auf zum Teil verschlungenen Wegen gelangten die Funde in die Hände der jordanischen Altertümerbehörde in Ostjerusalem und wurden einem internationalen Forscherteam zur Erforschung und Veröffentlichung übergeben.

Geleitet wurde das Team von Roland de Vaux, einem versierten Alttestamentler und Archäologen. Unter den Mitgliedern des Teams waren vier Katholiken, drei Protestanten, sowie der englische Atheist John M. Allegro. Die Behauptung von Baigent/Leigh, dass das Forscherteam nur aus vatikanhörigen Marionetten bestanden habe, ist also eindeutig falsch.

Bereits im Jahr 1948 wurden erste Texte aus Qumran veröffentlicht. In den folgenden Jahren erschienen weitere Publikationen. Im Jahr 1962 standen die Texte aus den Höhlen 1-3, 6-11 und weitere Einzeltexte der Öffentlichkeit zur Verfügung. Schwierigkeiten bereiteten vor allem die Funde aus Höhle vier. Dort hatte man etwa 15.000 Papyrusfragmente gefunden, die in mühseliger Kleinarbeit zusammengesetzt werden mussten. Persönliche Krisen, Alkoholprobleme und auch Todesfälle im Forscherteam bewirkten eine weitere Verzögerung. Auch unverzeihlicher Schlendrian und persönliche Eitelkeiten einzelner Wissenschaftler verschleppten die Herausgabe der Texte.

Dennoch: Als im September 1991 das Buch »Verschlusssache Jesus« erschien, waren bereits 80% der Qumranfunde in kommentierten Ausgaben veröffentlicht. Die restlichen 20% der Qumrantexte wurden im November 1991 als fotografische Bildbände der Öffentlichkeit zugänglich gemacht. Prof. H. Stegemann, Qumranspezialist aus Göttingen, der gewiss nicht im Verdacht steht, ein Vasall des Vatikan zu sein, schreibt darum: »So kann sich jeder des Hebräischen, Aramäischen und Griechischen Kundige leicht davon überzeugen, dass die Überbleibsel der fast 400 immer noch unedierten Schriftrollen wirklich rein gar nichts enthalten, was am bisherigen Verständnis Jesu oder des frühen Christentums etwas zu ändern vermöchte.«

Die Behauptung, eine »vatikanische Verschwörung« sei verantwortlich für die schleppende Veröffentlichung der Qumrantexte, kann also getrost in das Reich journalistischer Phantasie verwiesen werden.

Was sagt nun R. Eisenman inhaltlich zu den Schriftrollen aus Qumran? Welche für das Christentum erschütternden Erkenntnisse entnimmt er ihnen?

Antwort: Für ihn ist erwiesen, dass der in den Qumranrollen erwähnte »Lehrer der Gerechtigkeit« niemand anders als Jakobus, der Bruder Jesu ist. Der gleichfalls erwähnte und gleichfalls namentlich nicht bezeichnete »gottlose Priester« ist der Hohepriester Hannas II. und - aller guten Dinge sind drei - der als »Lügenmann« bezeichnete Unbekannte in den Qumranrollen war niemand anders als der Apostel Paulus.

Die Qumranschriften erwähnen namentlich weder Jesus, noch Jakobus, noch Paulus auch nur mit einer Silbe. Wie kommt also Eisenman zu seiner doch erstaunlichen Behauptung?

Zunächst geht Eisenman daran, das NT insgesamt für inkompetent in Sachen Christentum zu erklären. Eisenman schreibt, das ursprüngliche palästinische Christentum sei ganz anders gewesen, als es das NT darstelle. Jesus selbst, Jakobus und die Qumranleute hätten zur zelotischen Widerstandsbewegung gegen die Römer gehört. Sie seien hochpolitisch, nationalistisch, gesetzesfromm und gewaltbereit gewesen. Das paulinisierte, pazifistische Christentum und besonders ein pazifistischer Jesus sei eine dreiste Fälschung. Insbesondere das Christentum des Apostels Paulus sei eine komplette Verdrehung des ursprünglichen Christentums. Als Beleg für seine These führt Eisenman unter anderem an, dass in Qumran eine Schmiede ausgegraben worden sei. Bei ihm wird aus dieser Schmiede rasch eine Rüstungsproduktion, ungeachtet der Tatsache, dass man bei den Ausgrabungen in Qumran nicht die Spur einer Waffe in der ausgegrabenen Schmiede gefunden hat. Mit derselben Berechtigung könnte man jedes durchschnittliche Traktorenwerk verdächtigen, ein Rüstungsbetrieb zu sein.

Auch die These, es habe zwei grundverschiedene Formen des Christentums gegeben: ein palästinisches und ein außerpalästinisch-paulinisches ist unhaltbar. Martin Hengel hat in seinem Buch »Judentum und Hellenismus«[21] nachgewiesen, dass Judentum und griechische Kultur und Lebensart in Palästina und im Römischen Reich aufs Engste verzahnt waren. Die archäologische Forschung hat diese Sicht Hengels ausdrücklich bestätigt. Die - auch von Rudolf Bultmann vertretene - Unterscheidung eines palästinischen und eines außerpalästinischen Typus von Christentum ist wissenschaftlich erledigt. Das hält jedoch Eisenman nicht davon ab, diese Sicht durch seine zwei Protagonisten Baigent/Leigh erneut seinem im

Großen und Ganzen ahnungslosen Leserpublikum anzubieten.

Der »Lehrer der Gerechtigkeit« (Jakobus) wurde nach Eisenmans Theorie auf Betreiben von dem Hohenpriester Hannas II. (»gottloser Priester«) hingerichtet. Der »Lügenmann« Paulus wird zum Gegner des Jakobus erklärt. Sein Lebenslauf sieht nach Eisenman folgendermaßen aus: Paulus war zunächst ein fanatischer Feind der Urkirche. Nach seiner Bekehrung unterzog er sich in Qumran (nicht in Arabien bzw. Damaskus, wie der Galaterbrief [1,17f] sagt) einer dreijährigen Lehrzeit, ging später nach Antiochien und überwarf sich auf dem Apostelkonzil mit dem Herrenbruder Jakobus. »Lügenmann« wird er in den Qumrantexten darum genannt, weil er das gesetzestreue, politische, gewaltbereite Christentum durch ein gesetzloses, pazifistisches, angepasstes Christentum ersetzte. Ergänzend vermutet Eisenman, Paulus könnte ein Agent der Römer gewesen sein. Das würde seine erfolgreiche Mission im Römischen Reich und seine bevorzugte Behandlung durch die Römer am besten erklären.

Echte Beweise für seine kontroverse Sicht des Urchristentums liefert Eisenman nicht. Seine Theorie ist ein Konglomerat aus falschen Annahmen, Spekulationen, Fehlinterpretationen und schlichten Fehlinformationen.

Ein besonders krasses Beispiel dafür ist Eisenmans Versuch, seine Gleichsetzung von Jakobus mit dem »Lehrer der Gerechtigkeit« aus Qumrantexten zu begründen:

Eisenman zitiert aus dem Qumrankommentar zum Buch Habakuk 2,15. Dort ist die Rede von einem »gottlosen Priester«, der den »Lehrer der Gerechtigkeit« verfolgt, um ihn »zu verschlingen«. Er erscheint am »Ort des

Exils« (*beth galuto*) des Lehrers der Gerechtigkeit, und zwar am Versöhnungstag, um ihn »zu verschlingen«, also zu töten.

Bisher war man davon ausgegangen, dass mit dem »gottlosen Priester« der damals für illegitim gehaltene Hohepriester Jonathan (152 - 143 v. Chr.) gemeint ist, der den Lehrer der Gerechtigkeit im Exil (Qumran, Land Damaskus) aufsuchte, um ihn umzustimmen oder auch, wenn nötig, zu töten. Dafür sprechen die wenigen Namen, die in den Qumranschriften enthalten sind. Es sind sämtlich Namen von Persönlichkeiten aus dem zweiten und ersten Jahrhundert vor Christus (Johanan, der Hohepriester = Johannes Hyrkan 143 - 104 v.Chr. / Schelam-Sion = Salome Alexandra 76 - 67 v.Chr. / und ihr Sohn Hyrkan).

Eisenman behauptet nun, *beth galuto* könne statt »Ort des Exils« auch »Ort des Verstecks« heißen. Den Ort des Verstecks des Lehrers der Gerechtigkeit verlegt er kühn nach Jerusalem, weil er weiß, dass dort Jakobus, der Herrenbruder, gelebt hat. Diese Textinterpretation ist aus zwei Gründen unhaltbar: Zum einen ist die Übersetzung »Ort des Verstecks« völlig aus der Luft gegriffen (*galah* heißt in zweiter Bedeutung »enthüllen«, nicht »verstecken«), zum anderen wäre kein einigermaßen normaler Jude des ersten Jahrhunderts auf den abstrusen Gedanken gekommen gekommen, die Stadt Gottes, Jerusalem, als »Ort des Exils« zu bezeichnen. Eisenman biegt die Aussagen der Texte solange, bis sie sich an seine vorher gefasste Theorie anpassen und das Gegenteil von ihrem ursprünglichen Wortsinn aussagen. Faktisch gibt es keine Gründe, den Lehrer der Gerechtigkeit mit dem Herrenbruder Jakobus gleichzusetzen, außer der Tatsache, dass Eisenman das so will.

Sämtliche Qumrantexte, auf die Eisenman sich bezieht, sind paläographisch untersucht worden. Das heißt, ihre Schrifttypen sind untersucht und datiert worden: und zwar sämtlich auf das zweite und erste Jahrhundert vor Christus. Auch die Prüfung durch die C14-Methode (Radiocarbonmethode) bestätigte diese Datierung. Die Texte können sich also nicht auf Personen und Ereignisse des ersten Jahrhunderts nach Christus und damit weder auf Jesus, Jakobus oder Paulus beziehen!

Trotzdem hält Eisenman an seiner Theorie fest, an der eigentlich nur eines unbestritten ist: Sie hat sich außergewöhnlich gut verkauft und den Verfassern von »Verschlusssache Jesus« ein sorgenfreies Alter gesichert.

Wie willkürlich Eisenmans Behauptungen sind, wird auch noch von einer ganz anderen Seite her deutlich: In ihrem Buch »Jesus von Qumran - Sein Leben - neu geschrieben«[22] kommt die australische Professorin Barbara Thiering aufgrund derselben Qumrantexte zu völlig anderen, wenn auch nicht weniger abstrusen, Ergebnissen als Eisenman und sein Autorenteam:

So identifiziert sie den »Lehrer der Gerechtigkeit« mit Johannes, dem Täufer und den »Lügenmann« mit Jesus Christus. Weiter klärt sie darüber auf, dass Jesus nicht nur mit Maria Magdalena verheiratet war, sondern nach einer Scheidung noch einmal die Ehe einging - und zwar mit der Purpurhändlerin Lydia aus Philippi.[23] Jesus sei auch nicht in Jerusalem auf einem Maultier reitend eingezogen, sondern in Qumran. Er habe die Kreuzigung überlebt und sei nach seiner Genesung zusammen mit Paulus nach Rom gekommen und habe das biblische Alter von 70 Jahren erreicht.[24] All diese »Erkenntnisse« hat Barbara Thiering nach eigenen Angaben dadurch erreicht, dass sie als erste die verschlüsselten Botschaften in den Texten aus Qumran und dem NT verstanden und ihren Code geknackt habe.

Mit Recht schreibt der Neutestamentler Rainer Riesner unter Bezug auf diese Argumentation: »Mit der willkürlichen Annahme der Verschlüsselung könnte man jeden Text verdrehen und so auch behaupten, dass Schneewittchen die Frau von Karl dem Großen gewesen sei.«[25]

7. Fazit

Wir haben einen längeren Weg zurückgelegt: Wir haben zunächst betrachtet, wie die Evangelien entstanden sind. Dabei erwies sich, dass Informationen über Jesus auf geordnetem Weg in die Evangelien hineingelangt sind und sie uns zuverlässig über ihn informieren. Wir haben weiter festgestellt, dass archäologische Erkenntnisse die Aussagen der Evangelien bestätigen und als zuverlässig erweisen. Zuletzt haben wir einen Blick auf die hitzige Debatte um die Schriftrollen aus Qumran geworfen.

Als Ergebnis können wir festhalten:

Die Gründe, die für die historische Zuverlässigkeit der Evangelien sprechen, sind vielfältig. Der Vorwurf der historischen Ungenauigkeit oder gar der Geschichtsfälschung, der seitens der historisch-kritischen neutestamentlichen Wissenschaft und jetzt neuerdings auch von Robert Eisenman und Barbara Thiering gegen die Evangelienberichte erhoben wird, ist nicht haltbar. Die Informationen der Evangelien über Jesus entstammen also nicht dem Bereich frommer Legende, sondern sind harte Fakten historischer Wirklichkeit.

Teil 2: Von der Apostelgeschichte zum Buch der Offenbarung

1. Einleitung: Briefe aus bewegten Jahren

Am Anfang unserer Untersuchung soll eine Frage stehen, die möglicherweise etwas unangebracht oder gar sinnlos erscheinen mag. Sie ist es aber durchaus nicht. Die Frage lautet: Warum schrieb der Apostel Paulus Briefe? Warum schrieben die Apostel Petrus und Johannes Briefe? Warum schrieben sie alle Briefe?

Schon ein kurzer Blick ins Neue Testament zeigt ja, dass über zwei Drittel seines Inhalts aus Briefen besteht: Briefe, die zu irgendeinem Zeitpunkt geschrieben, verschickt und gelesen wurden. Und die Frage ist: Warum waren es ausgerechnet Briefe?

Die Antwort ist diese: Der Apostel Paulus (und die anderen Apostel) schrieben Briefe, weil für etwas anderes keine Zeit war. Die Apostel schrieben Briefe, weil sie für umfangreichere Werke einfach keine Zeit hatten. Man könnte sich ja zum Beispiel fragen, warum der Apostel Paulus eigentlich kein Lehrbuch über Theologie oder Gemeindeaufbau geschrieben hat. Das wäre doch durchaus denkbar gewesen. Man stelle sich vor, Paulus hätte ein Lehrbuch zum Thema: »Der Gemeindeaufbau von

A bis Z« geschrieben. Das wäre doch wunderbar! Da hätten wir doch alles aus erster Hand! Viele echte oder selbsternannte Gemeindeaufbauexperten von heute brauchten gar nichts mehr zu schreiben - höchstens noch ein paar Kommentare. Aber: Der Apostel Paulus schrieb keine Lehrbücher. Er schrieb nur Briefe. Ausschließlich und immer nur Briefe! Und er tat das, weil für längere, umfangreichere Werke einfach keine Zeit war.

Die Zeit der Entstehung des NT war eine turbulente Zeit. Die Jahre der Entstehung des NT (insgesamt waren es nicht viel mehr als fünfzig Jahre) waren bewegte Jahre. Da blieb in aller Regel einfach keine Zeit für Bücher! Da blieb gerade noch Zeit für Briefe! Paulus hat also nicht deswegen so viele Briefe geschrieben, weil er Briefeschreiben aus irgendwelchen Gründen besonders attraktiv fand. Paulus (und die anderen Verfasser des NT ebenso) schrieb Briefe, weil er in einer wildbewegten Zeit lebte. An ihm (und den anderen Aposteln) hing eine riesige Verantwortung. Oft musste er blitzschnell reagieren und rasch eingreifen, um Schaden zu verhüten. Und darum schrieb er Briefe, freudige und traurige, messerscharfe und hammerharte, lehrhafte und praktische. Nur eines: Nämlich Bücher, dicke Bücher und Nachschlagewerke, die gab's von Paulus (und den anderen Aposteln) nie! Dazu war für ihn (sie) einfach die Zeit zu knapp.

An einer Stelle hat Paulus selbst sein Leben sehr anschaulich beschrieben. In einem seiner Briefe an die Christen in der Hafenstadt Korinth schreibt er (2Kor 11,24-28):

Von den Juden habe ich fünfmal vierzig Schläge weniger einen bekommen. Dreimal bin ich mit Ruten geschlagen, einmal gesteinigt worden; dreimal habe ich Schiff-

bruch erlitten; einen Tag und eine Nacht habe ich in Seenot zugebracht; oft auf Reisen, in Gefahren von Flüssen, in Gefahren von Räubern, in Gefahren von meinem Volk, in Gefahren von den Nationen, in Gefahren in der Stadt, in Gefahren in der Wüste, in Gefahren auf dem Meer, in Gefahren unter falschen Brüdern; in Mühe und Beschwerde, in Wachen oft, in Hunger und Durst, in Fasten oft, in Kälte und Blöße; außer dem übrigen noch das, was täglich auf mich eindringt: die Sorge um alle Gemeinden.

Die Zeit der Entstehung des Neuen Testaments war eine turbulente Zeit. Das Neue Testament wurde nicht in behaglichen Studierzimmern und Bibliotheken geschrieben. Und es ging dabei auch nicht beschaulich und nett zu. Die meisten Briefe des Neuen Testaments entstanden in Beunruhigung und Sorge, unter dem Druck der Ereignisse, weil Gefahr im Verzug war für die christlichen Gemeinden. Fast ein Drittel der Briefe des Neuen Testaments stammen aus Gefängnissen oder wurden in der Verbannung verfasst. Und nicht wenige von denen, die damals schrieben, starben vor ihrer Zeit den Märtyrertod (Paulus, Petrus, Jakobus).

Und dennoch - und das ist nun wirklich erstaunlich - sind die Briefe des Neuen Testaments von großer Klarheit, Tiefe und Schönheit. Sie präsentieren die Wahrheit Gottes auf engstem Raum zusammengefasst. Generationen von Theologen, Pastoren und Predigern haben nicht auszuschöpfen vermocht, was ihnen da an Einblick in die Geheimnisse Gottes angeboten wurde. Und: Wo immer Menschen sich diesen Schriften aussetzten, sie lasen und sie ernst nahmen, wurden sie von der Wahrheit des lebendigen Gottes gepackt, umgetrieben und verändert. Das ist wirklich ein erstaunliches Phänomen. Und es ist letztlich nur so erklärbar, dass hinter den Verfassern der neutestamentlichen Schriften ein anderer stand, der ihre Gedanken lenkte und ihnen das »einhauchte« (2Tim 3,16), was sie schreiben sollten, der Heilige Geist des lebendigen Gottes.

Schauen wir es uns an, wie sie entstanden: Die Schriften des Neuen Testaments von der Apostelgeschichte bis zum Buch der Offenbarung. Es wird ein spannender Weg sein, den wir dabei zurücklegen werden. Und der erste Schritt auf diesem Weg wird der sein, dass wir die Welt, in der ein Paulus, ein Petrus, ein Jakobus lebte, ein bisschen genauer kennenlernen. Schnuppern wir also herein in die »Alltagswelt« der Apostel.

2. Die Alltagswelt der Apostel

Vier Stichworte geben einen ersten Einblick in die Alltagswelt der Apostel. Die Stichworte sind etwas rätselhaft. Sie lauten: 1. Straßen, 2. Städte, 3. Diplomatensprache und 4. Synagogen.

➜ *Straßen*[1]

Eine der ganz großen umwälzenden Neuerungen zur Zeit der Apostel waren Straßen; befestigte, gepflasterte Straßen, die das ganze Römische Weltreich von Norden nach Süden und von Westen nach Osten durchzogen. Für uns heute sind Straßen etwas sehr, sehr Gewöhnliches. Zur Zeit der Apostel aber war das anders. Noch zwanzig Jahre vor Christi Geburt gab es fast überhaupt keine Straßen. Reisen war schwierig, gefährlich und mühevoll. Das änderte sich, als in Rom Kaiser Augustus an die Macht kam. Augustus ließ Straßen bauen. Viele Straßen, die alle auf die Hauptstadt Rom zuführten: Die Appische Straße, die Flaminische Straße, die Ämilische Straße, die Aurelische Straße (alle in Italien), die Via Julia Augusta über die Alpen, Straßen in Gallien, Griechenland, Kleinasien, Spanien. Augustus brauchte die Straßen, um seine Truppen schnell von einem Ende des Römischen Reiches zum anderen transportieren zu können.

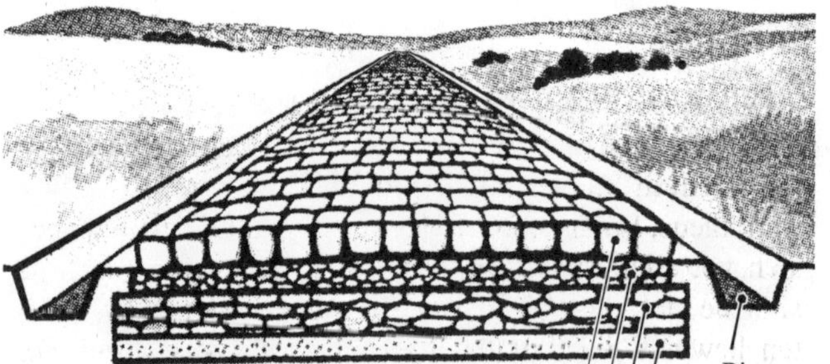

Aufbau einer römischen Straße

Gleichzeitig dienten die Straßen aber auch der schnellen Nachrichtenübermittlung. Augustus rief den »cursus publicus« ins Leben, eine Art Expresspost, die Menschen, Briefe und Nachrichten transportieren konnte. Viele Menschen nutzten die neu entstandenen befestigten und bewachten Straßen. Reisen wurde plötzlich vergleichsweise einfach: In der kleinasiatischen Stadt Hierapolis wurde vor einigen Jahren der Grabstein eines Kaufmanns ausgegraben, der zur Zeit der Apostel gelebt hat. Auf seinem Grabstein war vermerkt, dass er im Laufe seines

Lebens sage und schreibe 72mal von Hierapolis nach Rom gereist ist. Noch sechzig Jahre vorher wäre das undenkbar gewesen. Die Christen haben schnell die ungeheuren Chancen und Möglichkeiten dieses neuentstandenen Straßensystems erkannt und genutzt. Die christlichen Missionare, die Apostel und ihre Mitarbeiterteams haben auf den römischen Straßen große Strecken in kurzer Zeit zurückgelegt. Der Alltag der Apostel war zum großen Teil ein Alltag auf den Straßen. Und das führt uns gleich zum nächsten Stichwort.

➜ *Städte*[2]

Der Alltag der Apostel und ihrer Mitarbeiter spielte sich vor allem in Städten ab! Paulus, Petrus, Barnabas, Silas, Timotheus, Lukas, Markus und wie sie alle hießen, haben sich vor allem auf die Städte konzentriert. Und auch da sind sie nicht in irgendwelche Städte gegangen. Sie wählten bewusst die Zentren aus: Städte, in denen sich der Handel, die römische Verwaltung oder das religiöse Leben konzentrierten. Dorthin gingen sie! All die Städte, die uns aus den neutestamentlichen Briefen so gut bekannt sind (Korinth, Ephesus, Thessalonich, Philippi und natürlich Rom waren Zentren, in denen sich das Leben ballte. Dorthin gingen die Apostel. Dort spielte sich ihr Alltag ab.

Auf seiner ersten Missionsreise hat Paulus die Insel Zypern (Paphos), Antiochia, Ikonion und Lystra besucht und dort Gemeinden gegründet. Im Laufe der zweiten Missionsreise erreichte er Philippi, Thessalonich, Beröa, Athen und Korinth.

Die dritte Missionsreise führte ihn dann nach Ephesus, Cäsarea, Jerusalem, Melite (nicht Malta!) und schließlich erreichte er sogar Rom.

In Korinth hat Paulus eineinhalb Jahre verbracht. In Ephesus sogar über zwei Jahre. Der Alltag der Apostel war ein Alltag in Städten. Waren in den Städten Gemeinden entstanden, wurde von da aus dann auch das jeweilige Umland mit dem Evangelium erreicht. Und damit sind wir schon beim dritten Stichwort.

➔ *Diplomatensprache*[3]

Jede Epoche hat ihre Diplomatensprache - eine Sprache, die in aller Welt verstanden wird und mit der man sich nahezu überall verständlich machen kann. Heute ist diese Diplomatensprache Englisch. Zur Zeit der Apostel war es Griechisch. Das ganze große Römische Weltreich hatte eine verbindende Sprache. Und das war nicht Latein, wie man vielleicht denken könnte, sondern eben Griechisch. An römischen Schulen wurde in griechischer Sprache unterrichtet. Griechisch war schick. Und - wer griechisch sprechen konnte, wurde überall im Römischen Reich verstanden. Griechisch war die Weltsprache im Römischen Reich. Griechisch war international. Noch sechzig Jahre vor Christi Geburt war das ganz anders gewesen. Da wurde Griechisch nur im Osten gesprochen. Erst mit Kaiser Augustus wurde Griechisch zur Weltsprache. Und wiederum haben die Christen sehr rasch die Möglichkeiten dieser neuen Diplomatensprache erkannt. Sie brauchten keine Sprachschulen für Missionare zu gründen. Sie sprachen und schrieben einfach auf Griechisch. Das verstand jeder. Und jetzt wird auch klar, warum die Evangelien, warum die Briefe des NT alle auf Griechisch verfasst wurden: Man verstand sie so eben überall. Paulus war Jude. Petrus war Jude. Jakobus war Jude. Johannes war Jude. Und ihre Muttersprache war eigentlich Hebräisch oder Aramäisch.

Trotzdem schrieben und lehrten sie alle auf griechisch. Denn so wurden sie überall verstanden. Griechisch - das war die Alltagssprache der Apostel. Und schon sind wir beim vierten Stichwort.

➜ *Synagogen*[4]

Wenn die Apostel eine Stadt zum ersten Mal betraten, brauchten sie zunächst einen Anlaufpunkt, wo sie mit der Evangelisation der Stadt ansetzen konnten. Und dieser Anlaufpunkt war oft (nicht immer, es gab Ausnahmen) die jüdische Synagoge der Stadt (vgl. Apg 13,4-5; 13,14-15; 14,1-3; 17,1-3; 17,10-11; 18,4; 18,24-26).

Überall im Römischen Reich gab es Synagogen. Und: Die Juden beeindruckten viele durch ihre Andersartigkeit und ihr konsequentes Leben. Viele Menschen, auch Heiden (und Römer) fühlten sich zu ihnen hingezogen. Der römische Schriftsteller Tacitus zum Beispiel schreibt anerkennend über die Juden: »Die Juden erkennen nur einen Gott an, von dem sie eine rein geistige Vorstellung haben. Sie halten es für gottlos, wenn man aus vergänglichen Stoffen Bilder von Göttern in Menschengestalt macht.«[5]

Josephus berichtet, dass Griechen und Römer in den Synagogen von dem Gott der Bibel hörten. Viele traten zum jüdischen Glauben über. Sie wurden Proselyten. Viele hielten sich auch als sogenannte »Gottesfürchtige« zu den Synagogen, ohne vollständig zum jüdischen Glauben überzutreten. Die Synagogen waren religiöse Zentren, in denen viele Heiden von dem Gott Israels hörten und mit ihm vertraut wurden. Für die Apostel war es darum eine Selbstverständlichkeit, zunächst in die Synagogen zu gehen, wenn sie neu in eine Stadt kamen. Die Synagogen gehörten zur Alltagswelt der Apostel.

Denn dort fanden sie auf jeden Fall Menschen vor, die schon etwas wussten von dem lebendigen Gott.

Straßen, Städte, Griechisch als Diplomatensprache und die jüdischen Synagogen: Diese vier Dinge prägten die Alltagswelt der Apostel ganz entscheidend. Doch schauen wir noch etwas genauer hin: Ich lade Sie ein zu einem Rundgang durch eine typische heidnische Stadt, die griechische Hafenstadt Korinth im Jahre 91 n. Chr. Begeben wir uns also in Gedanken dorthin.[6]

Wir nähern uns der Stadt Korinth aus südöstlicher Richtung, vom Hafen Kenchreä aus. Sieben Kilometer sind das insgesamt. Da Busse, Bahn, Taxi und Elektrizität noch nicht erfunden sind, gehen wir, wie fast alle anderen auch, zu Fuß. Von weitem schon sehen wir die Stadt. Sie liegt am Fuß eines Berges. Auf der Bergspitze steht die Akro-Polis, eine Stadtburg, die für den Schutz der Bürger sorgt. Tag und Nacht halten hier Stadtsoldaten Wache.

Stadtbild Korinth

Noch bevor wir die Stadt betreten, riechen wir sie. Das hängt damit zusammen, dass in Korinth, wie in allen antiken Städten, der Müll der Einfachheit halber aus dem Fenster geworfen wird. Dort sammelt er sich an den Häuserecken. Bei Regen schwimmt er die Straße entlang.

Wir betreten die Stadt. Sie ist förmlich vollgestopft mit Häusern. Ca. 50.000[7] Menschen leben hier auf engem Raum zusammen. Die Wohnungen sind so klein, dass die Einwohner sie vor allem in der Nacht benutzen. Tagsüber spielt sich das Leben draußen ab, auf den Straßen und Plätzen, in den Tempeln, Bädern und Kaschemmen.

Auf der Kenchreä Straße kommen wir als erstes zum Rathaus und zum Marktplatz der Stadt, der Agora. Unzählige kleine Läden befinden sich hier, sie quellen förmlich über von Waren: Stoffe in allen Farben, vor allem aber in Rot aus der Stadt Philippi; Gewürze aus Arabien, Keramik, Metallwaren und natürlich - Sklaven. Händler mit Esel- und Ochsenkarren sind beständig dabei, irgendwelche Waren aus-, ein- oder umzuladen. Rechts um die Ecke, in der Nähe des Poseidon-Tempels ist ein ungepflegt aussehender, bärtiger Mann dabei, lautstark Sklaven anzubieten. Die Sklaven - Frauen und Männer aus verschiedenen Ländern - sind dabei der Einfachheit halber mit Ketten am Boden festgepflockt. Schräg gegenüber, am Gefängnis, ist man dabei, einen schreienden Sklaven ins Innere des Gebäudes zu zerren. Wahrscheinlich ist er irgendwo entlaufen. Die Leute lassen sich durch den schreienden Sklaven übrigens nicht weiter stören. So etwas erleben sie hier fast täglich. Man gewöhnt sich daran.

Gewöhnt ist man augenscheinlich auch an die vielen Armen auf den Straßen. Sie sitzen einfach da, dumpf und regungslos, an den Straßenecken und an den Eingängen zu den Tempeln. Viele sind schmutzig und verkommen, manche offensichtlich auch krank. Krankenhäuser, Sozialfürsorge, Obdachlosenhilfe - all das gibt es in Korinth nicht. Reiche und Arme leben hier dicht nebeneinander, ja, sie stolpern förmlich übereinander. Und doch: Keiner nimmt den anderen richtig wahr. Man hat sich an die Armut gewöhnt. Man ist gleichgültig geworden.

Bei den Nordwest-Läden entdecken wir das Schild »Fleischerei«. Hier gibt es Fleisch in Hülle und Fülle. Es kommt zum großen Teil aus den Tempeln, wo jeden Tag Tiere den Göttern geopfert werden. Das hcißt, geopfert werden nur bestimmte Innereien der Tiere. Der Rest des Fleisches geht an Gasthäuser, die direkt neben den Tempeln stehen und wo man ausgezeichnet essen kann. Was dort nicht gebraucht wird, wird an die Fleischereien der Stadt geliefert. Vor dem Laden herrscht ein ziemliches Gedränge. Viele wollen für das bevorstehende Fest der Göttin Hera Akraia einkaufen. An diesem Festtag wird nicht gearbeitet.

Die Stadt ist angefüllt mit Menschen. Viele sitzen in den Säulengängen und unterhalten sich. Andere trinken Kaffee und schauen dem bunten Treiben zu. Unterschiedlichste Nationalitäten und Hautfarben sind vertreten. Und - so vielfältig wie die Menschen sind auch die Religionen in der Stadt: Die meisten sind Anhänger griechischer Götterkulte. In der Stadt finden sich Tempel für Apollo, Herakles, Poseidon, Hera Akreia, Hermes, Fortuna und Oktavia. Etwas weiter außerhalb der Stadt befindet sich noch ein Tempel der Aphrodite: die Göttin der Liebe. Die Männer erzählen mit einem Augenzwinkern davon. Schließlich ist Aphrodite die Göttin der Liebe. In dem Tempel soll sich so allerlei abspielen.

Einige Einwohner der Stadt, die von anderswo hierher gezogen sind, hängen Naturreligionen an. Und natürlich gibt es in Korinth auch verschiedene Magier und Okkultisten, die versuchen, die Menschen mit Beschwörungen und Zauberei in ihren Bann zu ziehen. Ab und zu kann man auch einige Juden beobachten, die sich ihren Weg durch die Menge bahnen.

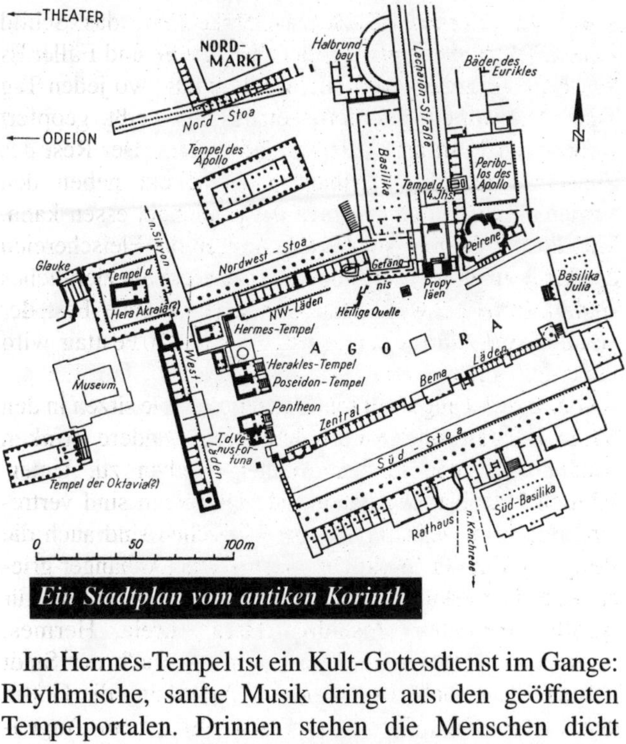

Ein Stadtplan vom antiken Korinth

Im Hermes-Tempel ist ein Kult-Gottesdienst im Gange: Rhythmische, sanfte Musik dringt aus den geöffneten Tempelportalen. Drinnen stehen die Menschen dicht gedrängt. Sie wiegen sich im Takt der Musik hin und her, die Augen geschlossen; die Hände über den Kopf erhoben. Einige tanzen in Ekstase - haben die Welt um sich herum völlig vergessen. In einer der vorderen Reihen stößt eine Frau fremdartige, lallende Laute hervor, die Augen halb geschlossen. Eine Ansammlung von Menschen steht fasziniert vor ihr und lauscht ergriffen. Stundenlang dauert die Kultfeier, bevor die Menschen erschöpft nach Hause gehen.

In Korinth leben alle Religionen friedlich nebeneinander. Kein Mensch behauptet, dass seine Religion die ausschließliche Wahrheit sei. Jeder hat seine persönliche Wahrheit und lässt die anderen in Ruhe. Das sieht ganz friedlich aus. Aber die Sache hat auch eine Kehrseite: Das Leben in Korinth ist oberflächlich. Die Leute sind ichbezogen. Sie leben dahin, laut und fröhlich. Aber unter der Fröhlichkeit und Ausgelassenheit lauert eine stille Leere. Viele wissen nicht, wozu sie leben.

Am Tempel des Apollo vorbei gehen wir zum Nordmarkt. Dort beginnt das Rotlicht-Viertel von Korinth, berühmt-berüchtigt in ganz Griechenland: St.Pauli-Atmosphäre zweiter Klasse. Hier prägen Matrosen aus den Häfen Kenchreä und Lechäon das Bild. Aber auch viele Korinther sind hier unterwegs, gutangezogene Herren und auch einige römische Veteranen, die sich in der Stadt angesiedelt haben. Sogar einige stadtbekannte Philosophen sind hier anzutreffen. Sie vertreten die Auffassung, dass es egal sei, was man mit seinem Körper macht, solange nur der Geist intakt bleibt. Viele Leute sind hier. Leute, die sich ausgelebt haben und nun ausgebrannt sind. Leute mit einem Hunger nach Leben in den Augen.

3. Fünfzig Jahre, die es in sich hatten

Die Briefe des NT sowie die Apostelgeschichte und das Buch der Offenbarung sind innerhalb eines Zeitraums von rund fünfzig Jahren entstanden. Diese fünfzig Jahre hatten es in sich. Denn in diesen fünfzig Jahren hat sich innerhalb der christlichen Gemeinden vieles getan und verändert. Ganz grob kann man die ersten fünfzig Jahre der christlichen Gemeinden in zwei Phasen einteilen. Eine Phase der Grundlegung - sie dauerte etwa von 40 bis 65 n. Chr. und eine Phase des Umbruchs - sie erstreckte sich von 65 bis etwa 90/95 n. Chr.

Die erste Phase - die *Phase der Grundlegung* - begann mit der Enstehung der Urgemeinde in Jerusalem nach Pfingsten. Die Urgemeinde war in vielerlei Hinsicht eine vorbildliche Gemeinde. Sie war stark in der biblischen Lehre, in der Gemeinschaft und dem Gebet. Sie schuf etwas noch nie Dagewesenes: eine organisierte Armenfürsorge. Sie war sehr missionarisch und viele Menschen in Jerusalem und dem Umland Jerusalems kamen zum Glauben, sogar Priester und Pharisäer. Allerdings ging von der Urgemeinde in Jerusalem auch die erste wirklich gefährliche Verfälschung des Evangeliums aus (wir werden später noch davon hören). Die Phase der Grundlegung setzte sich dann fort mit der Vertreibung vieler Christen aus Jerusalem, der Bekehrung des Saulus von Tarsus, den ausgedehnten Missionsreisen des Paulus und der Gründung von vielen Gemeinden in Kleinasien, Griechenland und - möglicherweise - auch Spanien. Die Phase der Grundlegung war eine Phase des Aufbaus. Sie war nicht ohne Schwierigkeiten. Es gab von Anfang an Widerstände gegen die missionarischen Aktivitäten der Christen. Insgesamt aber war es doch eine Phase relativer Ruhe.

In diesem Zeitabschnitt von 40-65 n. Chr. waren die Apostel von großer, kaum zu überschätzender Bedeutung. Sie waren es, die die Fundamentarbeit, die Grundlegungsarbeit erledigten. Die Kirche der ersten fünfundzwanzig Jahre war eine Apostelkirche. Sie wurde entscheidend von den Aposteln bestimmt. Paulus hat das einmal im Epheserbrief so zusammengefasst: »Die Kirche steht«, so schrieb er, »auf dem Fundament der Apostel und Propheten« (Eph 2,20). Die Apostel sorgten dafür, dass die Gemeinden ein festes Fundament bekamen, das Fundament der Wahrheit Gottes.

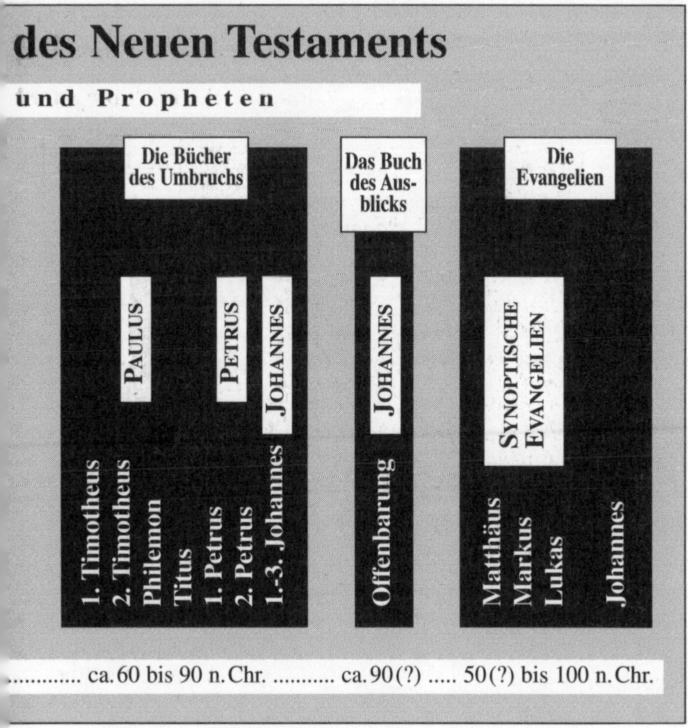

Mitte der sechziger Jahre des ersten Jahrhunderts trat dann eine Veränderung ein. Die junge Kirche erlebte nun organisierte und reichsweite Verfolgungen: Sie begannen unter Kaiser Nero und steigerten sich unter Kaiser Domitian und Diokletian. Die Zeit der relativen Ruhe war vorüber. Gleichzeitig trat die Generation der Apostel nach und nach ab. Paulus und Petrus wurden hingerichtet, ebenso Jakobus. Mehr und mehr war die Kirche nun auf sich selbst gestellt. Einzig der Apostel Johannes hat bis Mitte der neunziger Jahre vor allem die Gemeinden in

Kleinasien begleiten können. Insgesamt aber vollzog sich ab Mitte der sechziger Jahre des ersten Jahrhunderts ein Umbruch. Es begann die *Phase des Umbruchs*.

Beide Phasen, Grundlegung und Umbruch, haben in den Briefen des NT deutliche Spuren hinterlassen. Zu den *Büchern* (Briefen) *der Grundlegung* zählen: Der Galaterbrief, die Thessalonicherbriefe, die Korintherbriefe, der Römerbrief, der Epheser-, Kolosser- und Philipperbrief, sowie der Jakobus- und Hebräerbrief.

Der Abschluss der Phase der Grundlegung wird dann durch das Buch der Apostelgeschichte markiert. Die Apostelgeschichte blickt zurück auf dic Zeit der Apostel (besonders des Apostels Paulus) und zieht eine Art Zwischenbilanz.

Zu den *Büchern* (Briefen) *des Umbruchs* gehören. Der 1. und 2. Timotheusbrief, der Philemonbrief, der Titusbrief, die zwei Petrusbriefe, die drei Johannesbriefe und der Judasbrief.

Das Buch der Offenbarung, wahrscheinlich Mitte der neunziger Jahre auf der Insel Patmos entstanden, rundet dann mit seinem Ausblick in die Zukunft den neutestamentlichen Kanon ab.

Im Folgenden werden wir folgendermaßen vorgehen: Wir werden zunächst die Bücher der Grundlegung kennenlernen. Danach werfen wir einen Blick auf die Zwischenbilanz der Apostelgeschichte. Anschließend sind die Bücher des Umbruchs an der Reihe. Und zum Schluss wird uns das Buch der Offenbarung beschäftigen.

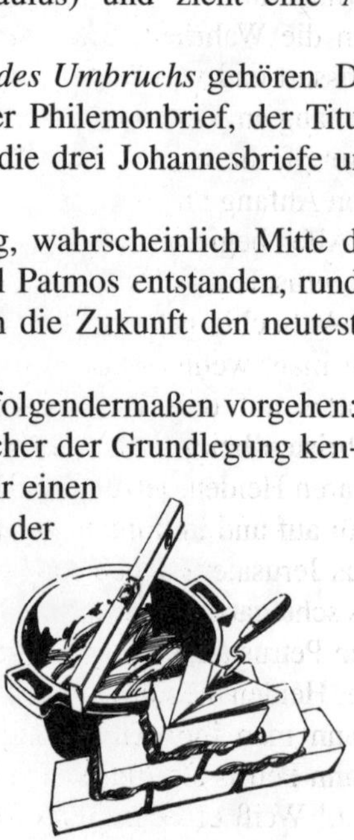

4. Die Bücher der Grundlegung

Der höchstwahrscheinlich früheste Brief des NT ist der Brief des Paulus an die Gemeinden in der römischen Provinz Galatien, der **Galaterbrief**.

Bereits dieser erste Brief führt mitten hinein in die Auseinandersetzung um die Wahrheit des Evangeliums. Er ist eine Kampfschrift, ein flammendes Plädoyer dafür, dass allein durch Jesus Christus Menschen mit Gott versöhnt werden können. Gleich der erste Brief des NT entstand also mitten in einer großen Auseinandersetzung. Von Anfang an also hat es keine Ruhe gegeben um das Evangelium. Von Anfang an hat es keine Ruhe gegeben um die Wahrheit. Sie wurde angegriffen, verdreht, verwässert und verfälscht, ausgehebelt und unterdrückt. Von Anfang an. Und darum spiegeln die Briefe des NT diesen Kampf, diese Auseinandersetzung um die Wahrheit auch von Anfang an wider.

Alles beginnt mit einem Besuch. Aus der Urgemeinde in Jerusalem ist Petrus zu der neu entstandenen Gemeinde in Antiochia gekommen. Auch Paulus ist anwesend. Was tut man, wenn hoher Besuch kommt? Man bringt etwas Gutes auf den Tisch. Und so sitzen in Antiochia die Christen beieinander. Einige waren vorher Juden. Einige waren Heiden, jetzt sind alle Christen. Und dann geht die Tür auf und es kommen noch ein paar Leute herein. Auch aus Jerusalem. Auch aus der Urgemeinde. Und nun wird es schlagartig ungemütlich! Die Leute stehen da und starren Petrus an, der arglos am Tisch sitzt, ein paar ehemalige Heiden neben sich. Und den Leuten aus Jerusalem kann man ihre Entrüstung vom Gesicht ablesen: »Wie kann Petrus als Jude nur mit Heiden am selben Tisch sitzen! Weiß er denn nicht, dass er sich dadurch verunreinigt?« Petrus spürt die Blicke hinter seinem Rücken. Er begreift. Und die alte Feigheit greift nach seinem Herzen. Abrupt verlässt er den Tisch. Seine Augen suchen den Ausgang. Andere tun es ihm nach. Lähmende Stille im Saal. Die Juden ziehen sich von den Heiden zurück, obwohl doch alle zu Jesus gehören. Die Stimmung ist zum Zerreißen gespannt. Und dahinein die schneidende, nur mühsam beherrschte Stimme des Paulus: »Petrus! Du bist ein Jude wie ich. Und genau wie ich weißt du, dass kein Mensch aus eigener Kraft nach den Geboten und Ordnungen Gottes leben kann. Du kannst das nicht. Und ich kann das auch nicht! Aber wir beide wissen, dass nur der Glaube an Jesus uns beide gerettet und mit Gott versöhnt hat. Wie kannst du jetzt diesen Leuten aus Jerusalem nachgeben und dich von deinen Brüdern absondern! Du weißt doch ganz genau, dass der Glaube an Jesus Juden und Heiden rettet und zu einer Gemeinde verbindet! Also: Überlege, was du tust! Und gib nicht aus Feigheit der Heuchelei nach!« Paulus hat diesen Vorfall in Antiochia schriftlich festgehalten. Nachzulesen in Galater 2,11-16.

Die ganze Sache hat ein Nachspiel: Immer wieder tauchen nun in den Gemeinden in Galatien Leute auf, die angeblich aus der Jerusalemer Urgemeinde kommen. Sie stiften Unruhe. Sie behaupten, dass nur diejenigen wahre Christen seien, die sich beschneiden lassen und alle jüdischen Reinheitsgesetze, Feste und Opfergebräuche einhalten. Gleichzeitig warnen sie vor Paulus. Sie behaupten, er wäre gar kein richtiger Apostel, man solle lieber gar nicht auf ihn hören! Die Verwirrung ist groß. Denn die Boten aus Jerusalem sagen, sie seien auch Christen und glaubten an Jesus, den Messias. Immer mehr Christen in den Gemeinden Galatiens beginnen das anzunehmen, was sie sagen.

Damals hat in der Tat alles auf dem Spiel gestanden. Es ging nicht um ein paar Nebensächlichkeiten, sondern um das Zentrum. Es ging um die Frage: Wie wird ein Mensch mit Gott versöhnt? Wie kommt ein Mensch mit Gott ins Reine? Durch Einhalten der Gebote, der Opfer- und Reinheitsgesetze oder durch den Glauben an Jesus und seinen stellvertretenden Opfertod? Darum ging's.

Für uns heute ist die ganze Sache nicht so leicht nachzuvollziehen. Das liegt daran, dass wir in einem Land leben, in dem die Gebote und Ordnungen Gottes im Großen und Ganzen sowieso keine Rolle mehr spielen. Aber in Israel, in Jerusalem damals, da gab es viele Juden, die waren glühende Verfechter der Gebote Gottes. Sie konnten sie zwar selbst nicht halten. Aber sie kämpften nichtsdestotrotz mit innerem Feuer für die jüdischen Satzungen und Ordnungen. Es war unerträglich für sie, dass allein der Glaube an Jesus Menschen rettet und nicht die Beschneidung und die Einhaltung der jüdischen Gebote und Gesetze.

Und sie kamen tatsächlich aus der Urgemeinde in Jerusalem. Einige von ihnen werden Juden gewesen sein, die von vornherein gegen das Evangelium eingestellt waren. Andere waren wahrscheinlich Juden, die eine oberflächliche Hinwendung zu Jesus vollzogen hatten und dann in ihre alte Denk- und Lebensweise zurückgefallen waren. Und mit Sicherheit gab es machtvolle, beeindruckende Persönlichkeiten unter ihnen. Kein Wunder, dass viele Christen in Galatien begannen, das anzunehmen, was sie sagten.

In dieser Lage hat Paulus den Galaterbrief geschrieben: ein Rundbrief an alle Gemeinden in Galatien. Er berichtet zunächst von seiner Berufung zum Apostel durch den auferstandenen Jesus vor den Toren der Stadt Damaskus (Gal

1,11-24), danach von der ausdrücklichen Anerkennung seiner Arbeit durch die Apostel in Jerusalem (Gal 2,1-10). Und dann kommt er zur Sache. Er stellt Fragen:

»O unverständige Galater!« schreibt Paulus. *»Wer hat euch bezaubert, denen Jesus Christus als gekreuzigt vor Augen gemalt wurde? Nur dies will ich von euch wissen: Habt ihr den Geist aus Gesetzeswerken empfangen oder aus der Kunde des Glaubens? Seid ihr so unverständig? Nachdem ihr im Geist angefangen habt, wollt ihr jetzt im Fleisch vollenden?«* (Gal 3,1-3).

»Damals jedoch, als ihr Gott nicht kanntet, dientet ihr denen, die von Natur nicht Götter sind; jetzt aber habt ihr Gott erkannt - vielmehr ihr seid von Gott erkannt worden. Wie wendet ihr euch wieder zu den schwachen und armseligen Elementen zurück, denen ihr wieder von neuem dienen wollt? Ihr beobachtet Tage und Monate und bestimmte Zeiten und Jahre« (Gal 4,8-10).

Und dann unternimmt Paulus einen Gang durch das Alte Testament; er zeigt, dass der Frieden mit Gott durch den Glauben kommt. Er fügt Bibelstelle an Bibelstelle, Baustein an Baustein (Kapitel 3). Und er stellt fest: *»Denn ihr alle seid Söhne Gottes durch den Glauben in Christus Jesus ... Da ist nicht Jude noch Grieche, da ist nicht Sklave noch Freier, da ist nicht Mann und Frau; denn ihr alle seid einer in Christus Jesus«* (Gal 3,26.28).

Und dann kommt noch eine Warnung: *»Siehe, ich, Paulus, sage euch, dass Christus euch nichts nützen wird, wenn ihr euch beschneiden lasst. Ich bezeuge aber noch einmal jedem Menschen, der sich beschneiden lässt, dass er das ganze Gesetz zu tun schuldig ist. Ihr seid von Christus abgetrennt, die ihr im Gesetz gerechtfertigt werden wollt; ihr seid aus der Gnade gefallen«* (Gal 5,2-4).

Sehr wahrscheinlich hat der Galaterbrief die größte Unruhe und Verwirrung beseitigen können. Aber richtig beigelegt war die Angelegenheit damit nicht. Ein Jahr nach Abfassung des Briefes an die Galater - im Jahr 49 n. Chr. - ist darum Paulus mit Barnabas und einigen anderen nach Jerusalem gereist, um die Sache mit den dort anwesenden Aposteln offiziell zu erörtern (Apg 15,1-6).

Im Jahr 49 n. Chr. hat dann in Jerusalem ein Konzil der Apostel stattgefunden. Das, was Paulus im Brief an die Galater geschrieben hatte, wurde hier grundsätzlich bestätigt. Die Apostel haben, um die Sache endgültig beizulegen, sogar noch einen offiziellen Brief an die Gemeinden in Kleinasien verfasst, der durch Paulus und Barnabas überbracht wurde. Dieser Brief ist im Wortlaut erhalten und findet sich im 15. Kapitel der Apostelgeschichte (Apg 15,22-29). Besonders interessant ist darin Vers 24: *»Weil wir gehört haben, dass einige, die aus unserer Mitte hervorgegangen sind, euch mit Worten beunruhigt und eure Seelen verstört haben - denen wir keine Befehle gegeben haben ...«* Offensichtlich haben sich also Leute (Pharisäer) aus der Jerusalemer Urgemeinde auf den Weg zu Gemeinden in Kleinasien gemacht und dort massiv eingegriffen, ohne dass die Leitung der Gemeinde in Jerusalem davon wusste oder dies billigte. Die Sache kommt erst durch Paulus ans Licht. Das heißt: Da haben Leute bewusst die Gemeindeleitung umgangen und auf eigene Faust gehandelt - und dadurch entstand die Verwirrung. Offenbar bildeten sich Grüppchen in der Gemeinde, die ihre eigenen Ziele verfolgten und die Gemeindeleitung umgingen. Unbiblische Gedanken wurden nicht korrigiert, wurden hinausgetragen in andere Gemeinden und stifteten so Verwirrung. Das sind Probleme, die auftreten können, wenn Gemeinden zu groß werden und wenn die Führung und Leitung nicht mitwächst. Und darum sind Groß-Gemeinden nicht unbedingt etwas Erstrebenswertes! Natürlich, wir alle wollen, dass unsere Gemeinden wachsen, auch äußerlich. Aber: Wir sollten im Auge behalten, dass mengenmäßiges Wachstum allein nicht reicht. Es müssen auch genügend Leiter dasein, gereifte, standfeste Christen, die so eine Masse von neuen Christen lehren, anleiten und führen können. Ist das nicht der Fall, steht die Gemeinde in der akuten Gefahr, in lauter eigenwillige Grüppchen zu zerfallen, die sich mehr oder weniger bewusst von der Gemeindeleitung abkoppeln.

Wenige Jahre später, zwischen 50 - 52 n. Chr. sind dann die Briefe des Paulus an die Gemeinde in **Thessalonich** entstanden.

Die Lebensumstände dieser Gemeinde waren gänzlich andere als die der Gemeinden in Galatien. Von Anfang an war die Gemeinde in Thessalonich eine Gemeinde unter Druck: Druck von Juden und Heiden, die die neu entstandene Gemeinde massiv verfolgten und ihr das Leben schwer machten (vgl. Apg 17,1-10; 1Thes 2,14; 2Thes 1,4). Hinzu kam, dass auch in dieser Gemeinde Leute auftraten, die versuchten, die Autorität des Paulus zu untergraben. Diesmal stellten sie allerdings nicht sein Amt als Apostel in Frage. Diesmal wurde es persönlicher. Sie versuchten, ihm Geldgier und Unredlichkeit anzuhängen. Und dann gab es Fragen in der Gemeinde, Fragen, die energisch nach Antwort verlangten. Mittlerweile in Korinth angekommen (Paulus blieb dort für eineinhalb Jahre), schrieb Paulus die beiden Thessalonicherbriefe. In ihnen geht er auch auf Fragen der Gemeinde ein, die Timotheus ihm (wahrscheinlich mündlich) überbracht hat.

In beiden Briefen spricht Paulus zunächst die schwierige Lage der Gemeinde an und ermutigt die Christen in Thessalonich, auch unter äußerem Druck am Bekenntnis zu Jesus festzuhalten (lThes 1,6-10; 1,13-16; 2Thes 1,3-12). Dann geht er auf die Vorwürfe ein, die gegen ihn erhoben wurden. Es sind interessante Vorwürfe: Sie zielen nämlich beide unter die Gürtellinie. Zum einen wird Paulus als geriebener »Bauernfänger« dargestellt, der arglosen Leuten mit Religion das Geld aus den Taschen zieht. Zum anderen erweckt man den Eindruck, er traue sich nicht mehr nach Thessalonich zurück, weil er Dreck am Stecken und ein schlechtes Gewissen habe. Beide Behauptungen haben dasselbe Ziel: Das Vertrauen zu ihm nachhaltig zu zerstören. Das funktioniert heute immer noch so. Wenn man einen Menschen persönlich vernichten will, unterstellt man ihm am besten öffentlich, dunkle Geldgeschäfte getätigt zu haben. »Aliquid haeret« - etwas bleibt immer hängen. Die Gegner von Paulus in Thessalonich wissen, dass sie ihm persönlich nicht gewachsen sind. Und so begeben sie sich auf das schlüpfrige Gelände persönlicher Verunglimpfungen und Diffamierungen, um ihn so zu erledigen.

Paulus hat die Vorwürfe nicht auf sich sitzen lassen! Er hat sich gewehrt! Und er hat das so gemacht, dass er einfach Fakten präsentierte: Er erinnert die Christen in Thessalonich daran, wie es war, als er in ihrer Stadt das Evangelium predigte:

»Denn ihr selbst wisst, Brüder«, schreibt Paulus, *»dass unser Eingang bei euch nicht vergeblich war; ... Denn unsere Ermahnung geschah nicht aus Irrtum, auch nicht aus Unlauterkeit, auch nicht mit List; ... Denn weder sind wir jemals mit schmeichelnder Rede aufgetreten, wie ihr wisst, noch mit einem Vorwand für Habsucht - Gott ist*

Zeuge - ... Denn ihr erinnert euch, Brüder, an unsere Mühe und Beschwerde: Nacht und Tag arbeitend, um niemand von euch beschwerlich zu fallen, haben wir euch das Evangelium Gottes gepredigt« (lThes 2,1.3.5.9).

In der Tat hat Paulus neben seiner eigentlichen Tätigkeit als Missionar auch in seinem Beruf als Zeltmacher gearbeitet, zum Beispiel in Korinth (Apg 18,1-3). Er hat sogar sehr bewusst darauf verzichtet, sich von Gemeinden bezahlen zu lassen, um gar nicht erst den Eindruck aufkommen zu lassen, er predigte etwa für Geld (1Kor 9,18).

Was die andere Unterstellung angeht, dass er ein schlechtes Gewissen habe und sich nicht nach Thessalonich hineintraue, verweist Paulus darauf, dass ihn tatsächlich immer wieder andere Verpflichtungen abgehalten hätten, nach Thessalonich zu kommen (1Thes 2,17-18). Eben darum habe er seinen persönlichen Vertrauten und Mitarbeiter Timotheus nach Thessalonich geschickt und auch er selbst hoffe, nun bald kommen zu können (1Thes 3,1-11). Damit war die Sache erledigt. Im zweiten Brief an die Thessalonicher, der wenig später geschrieben wurde, ist jedenfalls von den genannten Vorwürfen gegen ihn nicht mehr die Rede.

Im 1. wie im 2. Brief an die Thessalonicher hat Paulus auch Fragen aus der Gemeinde beantwortet. Er hat das im Laufe seines Lebens immer wieder getan: schriftlich Fragen beantwortet, die an ihn herangetragen wurden. In Thessalonich ging es vor allem um zwei Dinge. In der Gemeinde hatte es eine Reihe von Sterbefällen gegeben. Für viele stellte sich nun die Frage: Was wird mit denen, die vor der Wiederkunft Jesu sterben? Haben die eben Pech gehabt und erleben das Reich Gottes nicht? Und dann waren da Fragen bezüglich der Wiederkunft Jesu: In der Gemeinde waren Leute aufgetreten, die behaupteten, der Tag der Wiederkunft Jesu stehe unmittelbar bevor oder sei bereits da (2Thes 2,1-2).

Einige Gemeindemitglieder hatten daraufhin aufgehört zu arbeiten und ließen sich nun von der Gemeinde versorgen. Wie sollte man damit umgehen? Als Antwort erklärt ihnen Paulus zunächst den Zusammenhang zwischen der Auferstehung der Toten und der Entrückung der Christen (1Thes 4,13-18). Danach erinnert er die Thessalonicher daran, dass vor der Wiederkunft Jesu erst noch der Antichrist auftreten müsse. Da sein Kommen bisher noch von Gott aufgehalten würde, könne der Tag der Ankunft Jesu doch wohl noch nicht da sein (2Thes 2,1-10). Deswegen ginge es nicht an, dass einzelne in der Gemeinde ihren Beruf aufgäben und den anderen zur Last fielen. »Wenn jemand nicht arbeiten will, soll er auch nicht essen!«, schreibt Paulus (2Thes 3,10; 2Thes 3,1-12).

Vielleicht fragen Sie sich jetzt: Wie kamen die Thessalonicher eigentlich dazu zu glauben, der Tag der Wiederkunft sei schon da? Nun, Paulus deutet es an: Er sagt in 2. Thessalonicher 2,2: *»Dass ihr euch nicht schnell in eurem Sinn erschüttern, auch nicht erschrecken lasst, weder durch Geist noch durch Wort, noch durch Brief, als seien sie von uns, als ob der Tag des Herrn da wäre.«* Es hat offenbar Leute gegeben, die behaupteten, Paulus habe sie geschickt, und die dazu auch gefälschte Paulusbriefe dabeihatten, in denen behauptet wurde, der Tag der Wiederkunft Jesu sei bereits angebrochen. Wie sollten die Thessalonicher feststellen, ob die Briefe echt waren oder nicht? Am Ende des zweiten Thessalonicherbriefes gibt Paulus ihnen eine Hilfe. Er schreibt: *»Der Gruß mit meiner, des Paulus, Hand. Das ist ein Zeichen in jedem Brief; so schreibe ich.«* Paulus gibt ihnen also eine Unterschriftsprobe, mit der sie in Zukunft echt und falsch feststellen können.

Interessant ist auch, dass die Irrlehrer in Thessalonich auch Weissagungen präsentierten, um zu untermauern, dass der Tag der Wiederkunft Jesu bereits gekommen sei. Sie benutzten die Autorität der Prophetie (»So spricht der Herr!«), um biblisch falsche Aussagen salonfähig zu machen. Die Thessalonicherbriefe enthalten also einen sehr frühen Hinweis auf den Missbrauch der Gabe der Prophetie.

Schauen wir etwas weiter: Zu den interessantesten und bewegendsten Schriften des NT gehören die **Briefe**, die Paulus **an die Gemeinde in Korinth** geschrieben hat. Die Stadt Korinth haben wir schon im zweiten Kapitel etwas näher kennengelernt. Der Kampf um die Gemeinde in Korinth zählt zu den heißesten, schwierigsten und längsten Auseinandersetzungen, die Paulus im Laufe seines Lebens geführt hat.

Zunächst: Mit an Sicherheit grenzender Wahrscheinlichkeit hat es nicht nur zwei Korintherbriefe, sondern deren drei oder vier gegeben. Zwei Briefe, die Paulus in bedrängter Zeit nach Korinth geschickt hat, sind verlorengegangen, Paulus erwähnt sie aber in den Korintherbriefen (1Kor 5,9-11 und 2Kor 2,4; 7,8-9). Offenbar entsprach es nicht dem Willen Gottes, dass sie in den Kanon der neutestamentlichen Schriften aufgenommen werden sollten (vgl. S. 123).

Paulus hat während seiner zweiten Missionsreise im Frühjahr 51 n. Chr. die Gemeinde in Korinth gegründet (Apg 18,1-18). Er blieb etwa eineinhalb Jahre in Korinth und zog dann weiter. Durch die »Leute der Chloe« (1Kor 1,11) - wahrscheinlich bildeten sie innerhalb der korinthischen Gemeinde einen »Hauskreis« - erfuhr Paulus dann von Spaltungen und anderen großen Schwierigkeiten in der Gemeinde. Wenig später traf eine Delegation aus der

Korinthergemeinde ein (Stephanas, Fortunatus, Achaikus - 1Kor 16,17), die Paulus einen ganzen Fragenkatalog vorlegte. Im 1. Korintherbrief beantwortet Paulus diese Fragen und geht auch ausführlich auf die Spaltungen in der Gemeinde ein. Dieser Brief wurde etwa im Jahre 54/55 n. Chr. geschrieben.

Aber damit waren die Schwierigkeiten nicht beigelegt. Mehrmals musste Paulus in Korinth für Ordnung sorgen. Es gab erregte Auftritte. Paulus wurde massiv angegriffen (vgl. 2Kor 2,1.5; 1Kor 4,18; 2Kor 10,10-11). Besonders krass war ein Fall von Inzucht in der Gemeinde (1Kor 5,1 ff). Paulus forderte den Ausschluss des Betreffenden aus der Gemeinde. In Korinth hatte es anscheinend niemand als notwendig erachtet, sich um diese Angelegenheit zu kümmern.

Die Gemeinde in Korinth war eine chaotische Gemeinde. Paulus musste massiv kämpfen und seine ganze Autorität in die Waagschale werfen, um sie auf biblischem Kurs zu halten. Und es verwundert nicht, dass das so war: Korinth war, wie wir gehört haben, eine durch und durch heidnische Stadt. Prostitution, Götzendienst, verschwenderischer Reichtum und bittere Armut waren an der Tagesordnung und galten als normal. Der Lebensstil in Korinth war oberflächlich, ichbezogen und undiszipliniert. Diejenigen Korinther, die Christen geworden waren, mussten sehr umlernen. Paulus hat ihnen darum zunächstmal die einfachsten, grundlegenden Dinge beigebracht. Er schreibt, dass Christen besser keine Prozesse gegeneinander führen sollten (1Kor 6,1-11) und dass sexuelle Eskapaden in Korinths Rotlichtvierteln für Christen einfach ausgeschlossen seien: *»Wisst ihr nicht, dass eure Leiber Glieder Christi sind? Soll ich denn die Glieder Christi nehmen und zu Gliedern einer Hure machen? Das* *sei ferne!«* (1Kor 6,15; 6,12-20). Paulus führt auch allerlei zu Ehe und Ehelosigkeit aus (1Kor 7) sowie zum Umgang mit Schlachtfleisch, das aus Götzentempeln kommt (1Kor 8). Er ermahnt die Korinther, im Gottesdienst (ganz besonders beim Abendmahl) Rücksicht aufeinander zu nehmen, die Armen zu versorgen und sich nicht zu betrinken (1Kor 11,17-22). Auch zur Rolle der Frau (1Kor 14,33-35) und zum Gebrauch der Geistesgaben im Gottesdienst hat Paulus einiges geschrieben. Besonders die Gottesdienste in Korinth müssen - wenigstens zeitweise - ein Chaos gewesen sein. Das alles hört sich ziemlich schlimm an. Aber das waren die realen Probleme der Gemeinde in Korinth.

Doch damit nicht genug. Die Wurzel der Schwierigkeiten in Korinth lag noch eine Schicht tiefer. Es spricht einiges dafür, dass Paulus in Korinth bereits mit den Anfängen einer Bewegung zu tun hatte, die in manchem der New-Age-Bewegung heute ähnelte. Diese Bewegung ist erst 60 bis 80 Jahre später klar zu fassen, also im zweiten Jahrhundert nach Christus. Ihre Anfänge liegen aber früher und sehr wahrscheinlich hat bereits Paulus mit dieser Bewegung zu kämpfen gehabt, die fast zur Zerstörung der Kirche Jesu Christi geführt hätte.

Was war das für eine Bewegung? Ihr Name war gleichzeitig ihr Programm: »Gnosis«[8] - Erkenntnis. Die Gnosis war eine schillernde, für viele auch faszinierende Bewegung, die sehr verschiedene Dinge in sich vereinigte: Sie war interessiert an jüdischen Zeremonien und Opferbräuchen, verehrte aber auch Engel und Engelmächte. Anteile von Religionen aus Vorderasien kamen in ihr genauso zum Zug wie christliches Gedankengut. Die Gnosis verstand Jesus als großen Weisheitslehrer und z. T. auch als Erlösergestalt, der die Seelen durch Erleuchtung aus der Materie befreit und zu Gott zurückführt. Sie bestritt, dass Christus an der verdorbenen Materie Anteil gehabt, d. h. einen irdischen Leib besessen habe. Die Gnosis sah also den Leib des Menschen als minderwertig an, seinen Geist, sein Denken aber als gut und göttlich und hielt darum völlige sexuelle Freizügigkeit für völlig in Ordnung. Die Gnosis hatte auch deutlich okkulte Anteile: Astrologie und Esoterik. Und - über allem betonte sie die Erkenntnis, die Tiefenweisheit, die Weltweisheit.

In vielem war die Gnosis also der heutigen New-Age-Bewegung durchaus ähnlich, die ja gleichfalls christliches Gedankengut, östliche Religionen, ein bisschen Philosophie und ein gerütteltes Maß an Esoterik zu einem schillernden Cocktail verrührt.

Interessant ist in diesem Zusammenhang das 15. Kapitel des 1. Korintherbriefes. Dort geht es um die Leugnung der leiblichen Auferstehung. Ein ganzes langes Kapitel hat Paulus darauf verwendet, diese Angelegenheit zu klären. Und das ist auffällig: Die Gnosis leugnete die leibliche Auferstehung. Ganz klar, denn sie sah den Leib als etwas minderwertiges an. Für die Gnosis schied eine leibliche Auferstehung - wie auch immer geartet - eindeutig aus. In 1. Korinther 15 hält Paulus genau dagegen. Er betont, dass Jesus leiblich auferstanden und dann auch von vielen Zeugen leiblich gesehen worden sei. Und er beharrt kompromisslos darauf, dass die Christen mit einem neuen Leib auferstehen werden.

Auffällig ist auch, dass Paulus die Korinther ausdrücklich daran erinnern muss, dass ihr Körper ein Tempel des Heiligen Geistes ist und dass es keineswegs egal ist, was sie damit tun (1Kor 6,12-20). Auch hier steht Paulus im genauen Gegensatz zur Gnosis, für die es völlig unerheblich war, was man mit seinem Körper anstellte.

Und dann: Die Spaltungen, die Ichbezogenheit, die elitäre Grüppchenbildung in der Gemeinde. Auch sie könnten auf einen Einfluss der Gnosis hindeuten. Die Gnosis war ja eine sehr ichbezogene Bewegung: Jeder war mehr oder weniger allein und isoliert auf seinem Weg zu tieferer Erkenntnis und Selbstverwirklichung. Ganz diesen Eindruck machen auch die Gottesdienste in der korinthischen Gemeinde: Keiner achtete auf den anderen, jeder war mit sich selbst beschäftigt. Die verschiedenen Geistesgaben wurden nicht zum Aufbau der Gemeinschaft gebraucht, sondern egoistisch missbraucht. Jeder einzelne sah nur sich und seine Erkenntnisse und seine Geistesgaben oder was er dafür hielt. (1Kor 1,10-12; 11,17-22; 14). Paulus hat demgegenüber eindringlich betont, dass die Gemeinde ein Leib ist und einer für den anderen da sein soll (1Kor 12). Und: Das Hohelied der Liebe (1Kor 13) steht nicht umsonst in den Korintherbriefen: Die Gemeinde in Korinth war eine ichbezogene Gemeinde, so wie die Gnosis eine ichbezogene Bewegung war. In 1. Korinther 8,1 schreibt Paulus einen sehr bezeichnenden Satz: *»Die Erkenntnis* (gr. gnosis) *bläht auf, die Liebe aber erbaut.«* Die »Gnosis« bläht auf; aber die Liebe baut auf. Da haben wir also das Stichwort: »Gnosis«. Und in der Tat hat Paulus in Korinth lange und immer wieder mit Leuten zu tun gehabt, die von außen in die Gemeinde eindrangen, die sich besonderer Erkenntnisse und Offenbarungen rühmten und Paulus mit seiner biblischen Lehre als minderwertig abqualifizierten (2Kor 11,5-6; 10,12.18). Volle drei Kapitel widmet Paulus im 2. Korintherbrief der Auseinandersetzung mit diesen Leuten, die mit besonderen Erkenntnissen, Offenbarungen und Visionen die Korinther beeindruckten. Paulus hat diese »Gnostiker« scharf bekämpft, weil ihre »Erkenntnisse« nicht zu Christus hin, sondern von ihm weg führten. Er schreibt:

»Und ich, als ich zu euch kam, Brüder, kam nicht, um euch mit Vortrefflichkeit der Rede oder Weisheit das Geheimnis Gottes zu verkündigen. Denn ich nahm mir vor, nichts anderes unter euch zu wissen, als nur Jesus Christus und ihn als gekreuzigt. ... damit euer Glaube nicht auf Menschenweisheit, sondern auf Gottes Kraft beruhe« (1Kor 2,1-2.5).

Und dann: *»So zerstören wir Vernünfteleien und jede Höhe, die sich gegen die Erkenntnis Gottes erhebt, und nehmen jeden Gedanken gefangen unter den Gehorsam Christi«* (2Kor 10,5).

Warum musste Paulus all das so betonen? Doch wohl, weil da Leute in Korinth waren, für die Jesus Christus nur *eine* Weisheit, *eine* Erkenntnis, *eine* Wahrheit unter vielen anderen war. Für wie gefährlich er die Gnosis hielt, wird in seinem abschließenden Urteil über die Irrlehrer deutlich. Paulus schreibt:

»Denn solche sind falsche Apostel, betrügerische Arbeiter, die die Gestalt von Aposteln Christi annehmen. Und kein Wunder, denn der Satan selbst nimmt die Gestalt eines Engels des Lichts an; es ist daher nichts Großes, wenn auch seine Diener die Gestalt von Dienern der Gerechtigkeit annehmen; und ihr Ende wird ihren Werken entsprechen« (2Kor 11,13-15).

Die Gnosis hat nach Korinth auch in anderen Gemeinden, z. B. Ephesus und vor allem Kolossä eine Menge Verwirrung gestiftet. Sie war darum so gefährlich, weil sie Wahrheit und Lüge in schwer zu durchschauender Weise vermischte. Viele Christen erlagen ihrer schillernden Faszination, wurden selbst Verführte und verführten andere in dem guten Glauben, das Richtige zu tun. Und - machen wir uns bitte klar: Die Gnosis enthielt eindeutig okkulte Elemente - Astrologie und Esoterik. Und dennoch konnte sie sich in der Kirche festsetzen und Christen irreführen! Viele bemerkten offenbar gar nicht, was ihnen da untergejubelt wurde. Und das sollte uns wachsam machen für heute: Das gibt es also, dass okkulte Gedanken oder Praktiken in die Kirche eindringen, ohne dass sie von der überwiegenden Mehrheit der Christen als solche erkannt und bekämpft werden. Vorsichtig formuliert: Es gibt auch heute Praktiken zum Beispiel innerhalb der weltweiten charismatischen Bewegung, von denen nicht vollständig ausgeschlossen werden kann, dass sie auch okkulten Ursprungs sein könnten: Ruhen im Geist, Lachen im Geist, Weinen im Geist, bestimmte Heilungspraktiken u. a. Trotzdem schreitet kaum einer gegen diese Praktiken ein. Warum? Weil sie faszinierend sind, und weil manches innerhalb der charismatischen Bewegung ja auch biblisch fundiert und in Ordnung ist. Die Unwahrheit vermischt sich mit der Wahrheit und wird so schwer erkennbar. Die Lüge maskiert sich mit der Wahrheit und verführt so gutwillige, arglose, um echte Nachfolge bemühte Christen. (Dasselbe gilt natürlich für bestimmte Tendenzen innerhalb der sogenannten »feministischen Theologie«: Anbetung von Mutter Erde, eindeutig blasphemische Aussagen usw.)

Was hat Paulus getan, um der Gnosis und anderen Verfälschungen des Evangeliums entgegenzutreten? Er hat eines getan: Er hat den Gemeinden Grundlagen gegeben, handfeste biblische Lehre. Unermüdlich. Immer wieder: Handfeste biblische Lehre. Gegen die Lüge, auch gegen die maskierte Lüge hilft nur die Wahrheit.

Schimpfen hilft nicht. Lamentieren hilft nicht. Nostalgische Rückblicke in die gute alte Zeit helfen auch nicht. Es hilft nur die nüchterne, klare, starke biblische Wahrheit. Die klärt den Blick! Die macht die Christen stabil! Und die entzieht der Irrlehre den Boden.

Das Paradebeispiel für nüchterne, klare biblische Lehre ist übrigens der Brief, dem wir uns jetzt zuwenden wollen: der **Römerbrief**.

Paulus hat den Brief an die Christen in Rom im Jahr 57 oder 58 n. Chr. in Korinth geschrieben: Er erwähnt ausdrücklich Phoebe, eine Mitarbeiterin in Korinth, die nach Rom reist, um den Brief persönlich zu überbringen (Röm 16,1-2).

Zwei Gründe hatte Paulus für den ausführlichen Brief an die Gemeinden in Rom (es waren mit Sicherheit mehrere, wie Römer 16,5.14.15 zeigen). Zum einen wollte er Grundlagen befestigen. Die Gemeinde(n) in Rom war(en) ja nicht durch einen der Apostel gegründet worden, sondern mehr oder weniger spontan und unstrukturiert entstanden. Erinnern wir uns: Am Pfingsttag, als in Jerusalem der Geist Gottes in Fülle über die Christen ausgegossen wurde, befanden sich zahlreiche Juden und auch Proselyten (Heiden, die sich zur jüdischen Gemeinde hielten) aus verschiedenen Ländern, unter anderem auch aus der Stadt Rom in Jerusalem auf dem Laubhüttenfest (Apg 2,9-11). Viele von ihnen kamen am Pfingsttag zum Glauben, ließen sich taufen (Apg 2,41) und kehrten dann wieder dorthin zurück, wo sie hergekommen waren, wo sie Haus und Beruf hatten. Und so kamen die ersten Christen bereits kurze Zeit nach dem Pfingstfest in die Stadt Rom und bildeten dort die ersten christlichen Gemeinden. So einfach und so schnell ging das. Natürlich fehlte diesen Gemeinden die klare biblische Lehre. Wo hätte die auch herkommen sollen? Und darum schrieb Paulus ihnen einen Brief, in dem alle wichtigen Grundlagen des christlichen Glaubens in bemerkenswerter Kürze zusammengefasst sind. Soweit der erste Grund für den Römerbrief: Paulus wollte Grundlagen befestigen.

Und dann der zweite Grund: Der hatte mit den Zukunftsplänen des Paulus zu tun. Nach seinen Missionsreisen durch Kleinasien und Griechenland wollte Paulus auch in Spanien evangelisieren und Gemeinden gründen (Röm 15,23-25). Dazu brauchte er natürlich eine Art Hauptquartier, ein Basislager, eine Gemeinde, die ihn personell, finanziell und im Gebet unterstützen würde. Diese Gemeinde sollte die Gemeinde in Rom sein. Und darum sollte der Brief an die Römer auch eine Selbstvorstellung des Apostels und »seines« Evangeliums sein.

Der Römerbrief ist ein sehr außergewöhnlicher Brief. In insgesamt 15 Kapiteln (das sechzehnte besteht vor allem aus persönlichen Nachrichten und Grüßen) fasst er die Grundlagen des Lebens mit Gott zusammen. Dicke Kommentare sind in großer Zahl über diesen kurzen Brief geschrieben worden. Aber sie bleiben alle rettungslos hinter den knappen, wuchtigen, tiefen Aussagen des Römerbriefes zurück. So bedeutende Leute wie Augustinus, Martin Luther und John Wesley erhielten durch den Römerbrief die entscheidenden Anstöße zum Christsein. Worum geht es in diesem Brief?

Paulus nimmt zuerst eine Diagnose vor. Er schildert die Lage der Menschen vor Gott (eine hoffnungslose Lage). Dabei berücksichtigt er die Heiden und die Juden (das Volk Gottes) gesondert (Röm 1 und 2). Und er liefert auch gleich eine Beschreibung des Maßstabs, den Gott an jeden einzelnen Menschen anlegt (Röm 2).

In Kapitel 3 fasst er dann zusammen: »... *Gottes Gerechtigkeit aber*«, schreibt er, »*durch Glauben an Jesus Christus für alle, die glauben. Denn es ist kein Unterschied, denn alle haben gesündigt und erlangen nicht die Herrlichkeit Gottes*« (Röm 3,22-23). Und gleich darauf präsentiert er die Antwort Gottes auf die hoffnungslose Lage der Menschen: »... *denn alle haben gesündigt und erlangen nicht die Herrlichkeit Gottes und werden umsonst gerechtfertigt durch seine Gnade, durch die Erlösung, die in Christus Jesus ist. ... Denn wir urteilen, dass der Mensch durch Glauben gerechtfertigt wird, ohne Gesetzeswerke*« (Röm 3,23-24.28).

Und dann schöpft Paulus aus dem Vollen. Er war ja jemand, der das AT kannte wie seine Westentasche. Er geht mit seinen Lesern das AT durch. Er stellt ihnen besonders Abraham vor. Und er zeigt, dass Gott alle entscheidenden Dinge immer wieder durch Menschen tat, die glaubten und ihm vertrauten. Fast sechzig Mal zitiert Paulus direkt aus dem AT. Und dann schreibt er über den Frieden mit Gott (Röm 5). Er greift noch einmal weit zurück in die Urgeschichte. Er schildert, wie der Fluch über die Menschheit kam durch Adam, den ersten Menschen und wie der Fluch aufgehoben wurde - durch Jesus. Und er spricht über das neue Leben (Röm 6), die große Freiheit der Kinder Gottes (Röm 7) und das Leben in der Kraft des Heiligen Geistes (Röm 8). In drei Kapiteln (Röm 9-11) geht er dann noch gesondert auf das Volk Israel ein, das sich gegenüber seinem Messias verschlossen hat. Er warnt die Heidenchristen vor Überheblichkeit und kündigt an, dass am Ende der Zeit das Volk Gottes seinen Messias erkennen und annehmen wird.

Was für ein Brief! Vielleicht haben die Führer der Gemeinden in Rom haben erstmal eine Predigtreihe über diesen außergewöhnlichen Brief angesetzt, als sie ihn erhielten. Und in der Tat: Dieser Brief ist wie kein anderer Schwarzbrot für Christen.

Wer über den Römerbrief redet, sollte nicht versäumen, auch den Brief zu nennen, der ganz dicht an seine Seite gehört: Und das ist der **Jakobusbrief**.

Wie manche vielleicht wissen, hat der Reformator Martin Luther einige etwas abfällige Bemerkungen über diesen Brief gemacht. Er hat ihn eine »stroherne Epistel« genannt und ihn ein wenig in ein Aschenputteldasein geschoben. Diese Einschätzung ist aus der damaligen Situation Luthers sicher verständlich, wird aber dem Jakobusbrief gleichwohl nicht gerecht. Man könnte sagen: Der Jakobusbrief ist die Rückseite des Römerbriefes. So wie eine Münze eine Vorder- und eine Rückseite hat, so ist der Jakobusbrief die Rückseite des Römerbriefes.

Der Römerbrief stellt klar heraus, dass allein der Glaube an Jesus Christus rettet. Der Jakobusbrief macht deutlich, dass ein Glaube, der nicht praktisch wird, ein toter, ein unechter Glaube ist. Der Römerbrief beschreibt, wie ein Mensch in eine neue harmonische Beziehung zu seinem Schöpfer kommen kann. Der Jakobusbrief macht klar, dass aus einer neuen Beziehung zu Gott auch ein neues Verhalten folgen muss. Der Römerbrief schildert vor allem das neue Sein, der Jakobusbrief das neue Tun. Beide beschreiben zwei verschiedene Seiten derselben Sache und gehören darum eng zusammen.

Die besondere Stärke des Jakobusbriefes liegt in seiner praktischen Ausrichtung. Er gibt sehr konkrete Hilfen zur Heiligung des Lebens und zum Reifen in der Nachfolge Jesu. Beständigkeit in Zeiten der Versuchung, das Bleiben in der göttlichen Wahrheit, Dienst und Hilfe an Armen und Benachteiligten, Selbstbeherrschung beim Reden, Disziplin und Disziplinlosigkeit, gemeinsames Gebet und manches andere. Sein Oberthema formuliert der Jakobusbrief in Kapitel 1,22: *»Seid aber Täter des Wortes und nicht allein Hörer, die sich selbst betrügen!«*

Der Verfasser des Jakobusbriefes war sehr wahrscheinlich Jakobus, der Halbbruder Jesu (Gal 1,19). Er spielte in der Jerusalemer Urgemeinde eine wichtige Rolle und war gemeinsam mit Petrus und Johannes eine der »Säulen« der Urgemeinde (Gal 2,29). Grundsätzlich könnte natürlich auch Jakobus, der Bruder des Johannes (Mk 1,19) oder Jakobus, der Sohn des Alphäus (Mk 3,18) Verfasser des Jakobusbriefes sein. Aber Jakobus, der Bruder des Johannes, starb zu einem frühen Zeitpunkt unter König Herodes Agrippa I. den Märtyrertod (Apg 12,2) und Jakobus, der Sohn des Alphäus, tritt im NT sonst nirgendwo weiter in Erscheinung. Damit läuft alles auf Jakobus, den Halbbruder Jesu zu, der irgendwann vor dem Jahr 62 n. Chr. (dem Jahr seiner Hinrichtung) diesen Brief als Rundbrief durch verschiedene judenchristliche Gemeinden (Jak 1,1) verfasst hat.

Ganz ohne Verfasserangabe bleibt dagegen der Brief des NT, der sich in besonderer Weise an Judenchristen wendet, also an Juden, die Jesus als ihren Messias angenommen haben: der **Hebräerbrief**. Wie bereits die Apostelgeschichte erkennen lässt, haben etliche der jüdischen Synagogen nach ziemlich kurzer Zeit Front gemacht gegen die Christen. Juden, die Christen wurden, mussten damit rechnen, aus der Synagoge ausgeschlossen zu werden. Das war natürlich ein einschneidendes Ereignis: Jahrelang, vielleicht jahrzehntelang hatten sie in der Gemeinschaft der Synagoge gelebt und nun war das plötzlich vorbei. Nicht selten dürften Judenchristen auch von ihren Volksgenossen unter Druck gesetzt worden sein. Und genau in diese Lage hinein ist der Hebräerbrief verfasst worden: Er will einerseits unsicher gewordene messianische Juden ermutigen, am Bekenntnis zu Jesus festzuhalten (Hebr 10,19-39), und ihnen andererseits auch Argumentationshilfen für Gespräche und Diskussionen mit ihren Landsleuten an die Hand geben. Der Hebräerbrief konzentriert sich völlig auf Jesus, auf seine Person und sein Werk: seine Menschwerdung, seinen stellvertretenden Tod und seine Funktion als der wahre und einzige Hohepriester.

Diese Konzentration auf Jesus ist nicht zufällig! So sehr die Juden brennend den Messias erwartet, so sehr hatten sie auch ihre Schwierigkeiten mit Jesus, dem gekommenen Messias. Warum?

Nun, für Juden war es eigentlich unvorstellbar, dass ein Zimmermann, der noch jung gewesen war und gerade erst gelebt hatte, größere Weisheit und Bedeutung haben sollte, als Mose. Wie konnte ein nicht ordentlich ausgebildeter und geprüfter Rabbi, der oft mit den amtlichen Auslegern der Bibel in Konflikt gekommen war, der Lehrer und Messias Israels sein? Das alles war anstößig und für viele auch widersinnig. Geradezu gotteslästerlich aber erschien es vielen Juden, an einen Messias zu glauben, der gekreuzigt worden war. Stand denn nicht im AT ganz ausdrücklich: »Denn ein Aufgehängter ist ein Fluch Gottes« (5Mo 21,2; Gal 3,13)?

Ein Jude des 2. Jahrhunderts namens Trypho, der sich intensiv mit dem christlichen Glauben auseinandergesetzt hat, gestand seinem christlichen Gesprächspartner Justin (gest. 165 n. Chr.) einmal:

»Sei versichert, dass unser ganzes Volk auf den Christus wartet. Und wir geben zu, dass all die Schriftstellen, die du angeführt hast, sich auf ihn beziehen. Was aber den schändlichen Kreuzestod des Christus angeht, darüber besteht bei uns kein Zweifel. Denn jeder, der gekreuzigt wird, steht nach dem Gesetz unter dem Fluch, und an dieser Stelle bin ich äußerst ungläubig. Es ist ganz klar, dass die Schrift darauf hinweist, dass der Christus leiden musste, aber wir möchten erfahren, ob du uns beweisen kannst, dass dies durch Leiden geschehen soll, das im Gesetz verflucht wird.«[9]

Der Hebräerbrief stellt sich diesen Fragen. Immer wieder nimmt er Bezug auf den Tempel in Jerusalem, die Opfer, die dort gebracht werden, und den Hohepriester, der für sein Volk vor Gott eintritt. Er zeigt, dass Christus, der einzige und vollkommene Hohepriester ist, der durch das Opfer seines eigenen Lebens alle weiteren Opfer überflüssig gemacht hat (Hebr 4 - 9; besonders Hebr 9, 26-28). Und er arbeitet förmlich das AT durch: Der Hebräerbrief wimmelt von Zitaten aus dem AT. Besonders häufig tauchen die Psalmen auf. Psalm 2 - ein messianischer Psalm, Psalm 22 - der Leidenspsalm Jesu und immer wieder Psalm 110, der den Messias als den Sohn Gottes und als ewigen, göttlichen Priester beschreibt.

Der Verfasser des Hebräerbriefes muss eine überragende Kenntnis des AT gehabt haben. Insofern könnte es sein, dass auch der Hebräerbrief ein Paulusbrief ist. Beweisbar ist das allerdings nicht! Fest steht nur, dass der Hebräerbrief vor dem Jahr 70 n. Chr. geschrieben wurde. Im Jahre 70 n. Chr. nämlich wurde der Tempel in Jerusalem zerstört. Hätte der Verfasser des Hebräerbriefes nach diesem Schicksalsjahr geschrieben, wäre die Zerstörung des Tempels sicherlich in irgendeiner Weise erwähnt worden.

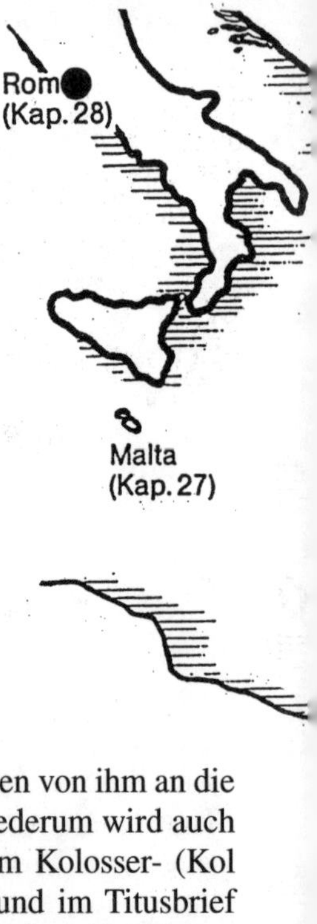

Und damit kommen wir zu den letzten drei Büchern der Grundlegung, den Briefen an die **Epheser**, **Kolosser** und **Philipper**, die Paulus aus der Haft in Rom geschrieben hat. Auf seiner dritten Missionsreise ist Paulus ja in Jerusalem verhaftet und dann über Caesarea nach Rom geschickt worden, wo er längere Zeit (etwa von 60 - 62 n. Chr. in Haft saß (Apg 21-28).

Der **Epheserbrief** war in der frühen Kirche völlig unbestritten als Paulusbrief akzeptiert. Und das aus gutem Grund: Paulus nennt in Epheser 1,3 und 3,1 ausdrücklich seinen Namen als Verfasser. Er erwähnt mehrmals, dass er aus der Haft schreibt (Eph 3,1; 4,1; 6,20). Er kündigt an, dass sein Mitarbeiter Tychikus (Eph 6,21) den Brief und weitere persönliche Nachrichten von ihm an die Epheser überbringen wird. Tychikus wiederum wird auch in der Apostelgeschichte (Apg 20,4), im Kolosser- (Kol 4,7.8), im 2. Timotheus- (2Tim 4,12) und im Titusbrief (Tit 3,12) als Mitarbeiter des Paulus erwähnt. In Epheser 3,1-3 schreibt Paulus, dass er das Evangelium von der Gnade Gottes nicht von Menschen gelernt hat, sondern durch eine besondere Offenbarung Gottes erhalten habe. Diese Aussage passt haargenau zu einer entsprechenden Aussage im Galaterbrief (Gal 1,12). Und: Die Beschreibung der Kirche (Gemeinde) als der Leib Christi, in dem die verschiedenen Gaben zum Aufbau des Leibes zusammenwirken, hat Paulus bereits im 1. Korintherbrief präsentiert (1Kor 12-14). Viele eindeutige Indizien wei-

sen also auf Paulus als den Verfasser des Epheserbriefes. Trotzdem haben bibelkritische Neutestamentler[10] in den vergangenen Jahrzehnten immer wieder bestritten, dass Paulus der Verfasser des Epheserbriefes sei. Zur Begründung wurden gewisse Abweichungen in der Ausdrucksweise des Paulus genannt, mehr nicht (vgl. die Ausspielung von Epheser 2,4-6 gegen Römer 6,5). Das Prinzip bei dieser Vorgehensweise ist einfach: Man stellt fest, dass der Paulus des Galater- und Römerbriefes der wahre Paulus sei. Überall nun, wo Paulus sich nicht genauso ausdrückt wie er es im Galater- oder Römerbrief getan hat, bestreitet man ihm die Verfasserschaft. Das heißt: Die kritische Bibelwissenschaft gestattet dem Paulus keinerlei stilistische Freiheiten. Sie legt ihn fest auf eine stereotype Ausdruckweise und spielt so Paulus gegen Paulus aus. Ganz etwas ähnliches passierte übrigens in der Homerforschung: Die »Ilias« des griechischen Schriftstellers Homer wurde fünf oder mehr Verfassern zugeschrieben; einfach weil Homer sich gewisse stilistische Freiheiten herausgenommen hatte. Inzwischen wurden diese Irrtümer in der Homerforschung erkannt und korrigiert. In der Bibelkritik aber weigert man sich standhaft dem starren Schablonendenken den Abschied zu geben, das allenfalls buchhalterischem Ordnungsdenken, nicht aber der schriftstellerischen Vielfalt des Paulus gerecht wird.

Dass Paulus sich im Epheser- und dann auch im Kolosserbrief abweichend ausdrückt, hat übrigens auch ganz konkrete äußere Gründe: Der Epheserbrief befasst sich zentral mit dem Thema »Kirche« (Gemeinde). Dieses Thema, das Paulus in dieser Ausführlichkeit noch nicht behandelt hat und zu dem er natürlich auch einiges Neues zu sagen hat, erfordert neuerlich auch eine neue Ausdrucksweise. Und weiter: Im Epheser- und Kolosserbrief reagiert Paulus auch gegen die Irrlehre der Gnosis, die inzwischen (seit der Abfassung des 1. und 2. Korintherbriefes) schon weitaus konkretere Formen angenommen hat. Auch dadurch bedingt, gibt es Abweichungen in der Ausdrucksweise im Epheser- und Kolosserbrief.

Worum geht es im Epheserbrief? Es geht darum, dass die Gemeinde kein Nostalgieverein zur Pflege alter, leicht angestaubter Traditionen und auch kein Gemischtwarenladen für Überzeugungen aller Art, sondern eine Einheit, ein Leib, ein Organismus ist, der ein Haupt hat: Jesus Christus. Ihr seid *»ein Leib und ein Geist«*, schreibt Paulus, *»wie ihr auch berufen worden seid in einer*

Ephesus: Prachtstraße und Amphitheater

Hoffnung eurer Berufung! Ein Herr, ein Glaube, eine Taufe« (Eph 4,4-5). Und dann wird Paulus gleich konkret und sagt: Ein Leib ohne Haupt ist undenkbar. Ein Leib ohne Haupt ist tot. Gemeinde ist also nur da, wo Menschen Jesus als ihrem Herrn gehören, ihm gehorsam sind und ihre Gaben und Fähigkeiten für ihn einsetzen. Gemeinde im biblischen Sinn existiert nur da, wo Menschen Jesus Christus als ihrem Haupt gehören und ihm mit ihrem ganzen Leben dienen: *»Lasst uns aber die Wahrheit reden in Liebe und in allem hinwachsen zu ihm, der das Haupt ist, Christus«*, schreibt Paulus. *»Aus ihm wird der ganze Leib zusammengefügt und verbunden durch jedes der Unterstützung dienende Gelenk, entsprechend der Wirksamkeit nach dem Maß jedes einzelnen Teils; und so wirkt er das Wachstum des Leibes zu seiner Selbstauferbauung in Liebe«* (Eph 4,15-16). Und dann kommt er auf das Fundament der Gemeinde zu sprechen und sagt: Die Gemeinde hat eine klare, eindeutige Wahrheit, die ihr durch die Apostel (und Propheten) gegeben wurde (Eph 3,20). Von dieser Wahrheit kann sie nicht abrücken, an dieser Wahrheit kann sie nicht herumdrehen. Und wenn sie es doch tut, dann entfernt sie sich von ihrem Haupt. Dann entfernt sie sich von Jesus, dem Herrn der Gemeinde. Dann verliert sie ihre Einheit. Dann verliert sie ihre Kraft. Dann verliert sie ihre Hoffnung und Perspektive. Dann wird sie zum Kirchenverein, zum Nostalgieclub, zum religiösen Gemischtwarenladen. Und dann hat sie verloren.

Der Epheserbrief setzt Maßstäbe für die Gemeinde heute, auch für die Gemeinden in unserem Land. Göttliche Maßstäbe. An denen müssen wir uns messen lassen in unseren Gemeinden.

Ungefähr zwischen 60 und 62 n. Chr. entstand in der Haft in Rom dann auch der Brief an die Gemeinde in Kolossä, der **Kolosserbrief**. Kolossä liegt ungefähr 150 km östlich von Ephesus nahe der Städte Hierapolis und Laodizea, die im Kolosserbrief auch erwähnt werden (Kol 4,12.13.16). Wahrscheinlich hat Paulus die Stadt Kolossä nie persönlich besucht - darauf lassen einige Sätze in seinem Brief schließen (Kol 1,7; 2,1; 4,12). Möglicherweise ist die Gemeinde dort von einem seiner Mitarbeiter gegründet worden.

Genau wie der Epheserbrief ist auch der Kolosserbrief von der Bibelkritik[11] nicht als echter Paulusbrief anerkannt worden. Man führte gegen die Verfasserschaft des Paulus neben den bereits erwähnten stilistischen Merkmalen vor allem die eine Tatsache ins Feld, nämlich dass der Kolosserbrief 34 Vokabeln verwendet, die in den anderen Paulusbriefen nicht vorkommen (z. B. »das Sichtbare« - Kol 1,16; »der Erste« - Kol 1,18; »erstatten«

- Kol 1,24; »Philosophie« - Kol 2,8). Vergessen wird dabei, dass der Kolosserbrief eine direkte Auseinandersetzung mit der Philosophie der Gnosis ist. Es ist von daher keineswegs ungewöhnlich, dass in diesem Brief Worte auftauchen, die Paulus sonst bisher nicht verwendet hat.

Darüber hinaus sprechen viele Einzelbeobachtungen unübersehbar für eine Verfasserschaft des Paulus:

1. Dreimal stellt sich Paulus im Kolosserbrief eindeutig als Verfasser vor. In Kolosser 4,18 heißt es sogar: »Mein Gruß mit meiner des Paulus Hand!« Sollte hier ein Fälscher am Werk gewesen sein, müsste es ein außerordentlich skrupelloser Fälscher gewesen sein.
2. Der Kolosserbrief nennt die Namen von zahlreichen Mitarbeitern des Paulus, die auch sonst aus dem NT bekannt sind, zum Beispiel: Tychikus (4,7), Onesimus (4,19), Markus (4,10), Lukas (4,14), Epaphras (4,12), Demas (4,14), Archippus (4,17). Tychikus war übrigens der Überbringer des Epheser- wie auch des Kolosserbriefes (Eph 6,21; Kol 4,7) und wird in beiden Briefen als Überbringer namentlich genannt.
3. Der Kolosserbrief weist enge Verbindungen zum Philemonbrief des Paulus auf, der ja unbestritten ein Paulusbrief ist: So nennen beide Briefe Paulus und Timotheus als gemeinsamen Absender (Kol 1,1; Phim 1). Beide Briefe enthalten Grüße von Aristarchus, Markus, Epaphras, Lukas und Demas (Kol 4,10-14; Phim 23-24). In beiden Briefen ist ausdrücklich vom Dienst des Archippus die Rede (Kol 4,17; Phim 2). Und - in beiden Briefen wird der Sklave Onesimus erwähnt (Kol 4,9; Phim 10).

Der Kolosserbrief enthält also eine Fülle von Details, die von anderen Schriften des NT eindeutig bestätigt werden. Daraus folgt: Als Verfasser des Kolosserbriefes kommt ausschließlich derjenige in Frage, der im Kolosserbrief dreimal als Verfasser genannt wird: der Apostel Paulus.

Kein anderer Text des NT zeigt übrigens das rasche Vordringen der Gnosis in den Gemeinden so deutlich wie der Kolosserbrief. Wir erinnern uns: Die Gnosis war eine Bewegung, die Jesus als einen Weisheitslehrer und teilweise auch als Erlösergestalt ehrte, ihn als den Sohn Gottes jedoch ablehnte. Demgegenüber betont Paulus energisch, dass Jesus Christus das Ebenbild Gottes ist, durch den das Universum gemacht wurde (Kol 1,15-17) und der als Erlöser und Herr über allen Dingen steht (Kol 2,8-15). Jesus, der Herr, das ist das Thema des Kolosserbriefes. In ihm liegen verborgen *»alle Schätze der Weisheit und Erkenntnis«* (Kol 2,3), schreibt Paulus, und *»in ihm wohnt die ganze Fülle der Gottheit leibhaftig«* (Kol 2,9). Und dann geht er zum Direktangriff auf die gnostische Philosophie über. *»Seht zu«*, schreibt er, *»dass niemand euch einfange durch die Philosophie und leeren Betrug nach der Überlieferung der Menschen, nach den Elementen der Welt und nicht Christus gemäß!«* (Kol 2,8). *»So richte euch nun niemand wegen Speise oder Trank oder betreffs eines Festes oder Neumondes oder Sabbats, die ein Schatten der künftigen Dinge sind, der Körper selbst aber ist des Christus. Um den Kampfpreis soll euch niemand bringen, der seinen eigenen Willen tut in scheinbarer Demut und Anbetung der Engel, der auf das eingeht, was er in Visionen gesehen hat, grundlos aufgeblasen von der Gesinnung seines Fleisches, und nicht festhält das Haupt, von dem aus der ganze Leib, durch die*

Gelenke und Bänder unterstützt und zusammengefügt, das Wachstum Gottes wächst« (Kol 2,16-19).

Der Kolosserbrief stellt gegenüber der schillernden Philosophie der Gnosis die Einzigartigkeit und Gottheit Jesu eindeutig heraus. Das ist sein besonderes Anliegen und seine besondere Stärke.

Schließen wir dieses Kapitel ab mit dem dritten Brief, den Paulus aus der Haft in Rom geschrieben hat: dem **Philipperbrief**.

Die Gemeinde in Philippi ist auf der zweiten Missionsreise des Paulus entstanden. Es war die erste christliche Gemeinde, die in Europa von Paulus gegründet wurde. Die Gemeinde war von Anfang an Paulus in besonderer Weise zugetan und sie war eine besonders finanzkräftige Gemeinde. Zu ihr gehörten Leute mit Geld. Zum Beispiel, Lydia, die Purpurhändlerin (Apg 16,11-15) und der Gefängniskommandant von Philippi (Apg 16,23-40). Die Philipper haben Paulus in Thessalonich (Phil 4,15-16) und in Korinth (2Kor 11,9) finanziell unterstützt und schickten nun, als sie hörten, dass er in Rom in Haft sitzt, den Epaphroditus zu Paulus, um ihm mit einer Geldgabe die Haftbedingungen zu erleichtern (Phil 4,10-18). Das war wichtig, denn in der Haft konnte Paulus sein Handwerk nicht ausüben.

Der Brief an die Philipper ist darum in erster Linie ein Dankbrief an die Gemeinde. Er enthält etliche persönliche Nachrichten von Paulus. Paulus spricht allerdings auch einige Probleme in der Gemeinde an, vor allem die Tendenz zu Spaltungen. In diesem Zusammenhang entstand der sogenannte Philipperhymnus bzw. wurde von Paulus in den Brief aufgenommen (Phil 2,5-11), um die Christen in Philippi zu Demut und Unterordnung aufzufordern (Phil 2,5-11).

Durch den Brief hindurch zieht sich aber noch ein anderes Thema, das bei einem Brief aus dem Gefängnis auf den ersten Blick seltsam anmutet: die Freude. Mitten aus der Haft hat Paulus einen Brief verfasst, der die Freude zum Thema hat, Freude ausstrahlt und zur Freude auffordert (Phil 4,1-7).

Es spricht für die enorme geistliche Reife und Kraft des Paulus, dass er die Haft nicht nur innerlich unbeschadet und ohne seelische Einbrüche überstand, sondern dass er aus der Haft heraus andere zur Freude in Christus und an Christus ermutigen konnte. So ist der Philipperbrief ein eindrucksvolles Zeugnis für die Gegenwart Jesu und die Kraft des Heiligen Geistes im Leben der Glaubenden geworden.

5. Das Buch der Zwischenbilanz

Die ersten fünfundzwanzig Jahre der christlichen Gemeinden waren Jahre des Aufbaus und der Grundlegung. Es waren Jahre der Spannungen, Verfolgungen, Frustrationen und Probleme, aber auch Jahre der Begeisterung, des Glaubens, der Freude und des vorbildlichen Gehorsams. Die Gute Nachricht vom Frieden mit Gott durch Jesus Christus lief von Jerusalem durch Kleinasien und Europa bis hinein in die Weltstadt Rom.

Die **Apostelgeschichte** des Lukas berichtet von diesen ersten fünfundzwanzig Jahren. Sie berichtet von der Entstehung und dem Leben der Urgemeinde in Jerusalem (Apg 2 - 8), von der Missionsarbeit des Petrus und Philippus (Apg 9 - 12), von der ersten Missonsreise des Paulus (Apg 13 - 14), dem Apostelkonvent in Jerusalem (Apg 15), der zweiten (Apg 16 - 18) und der dritten Missionsreise des Paulus (Apg 19 - 21) und seiner

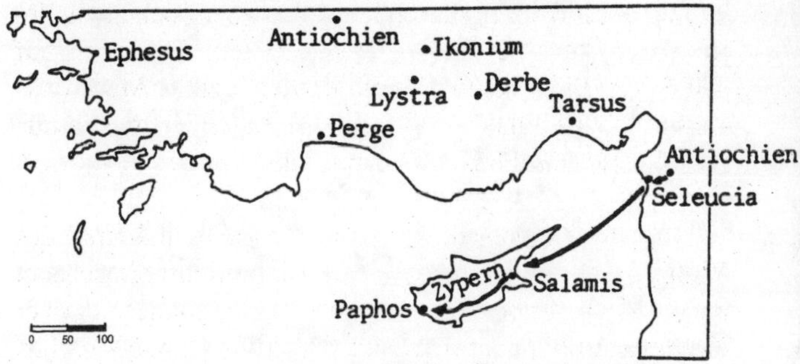

Die erste Missionsreise des Apostel Paulus

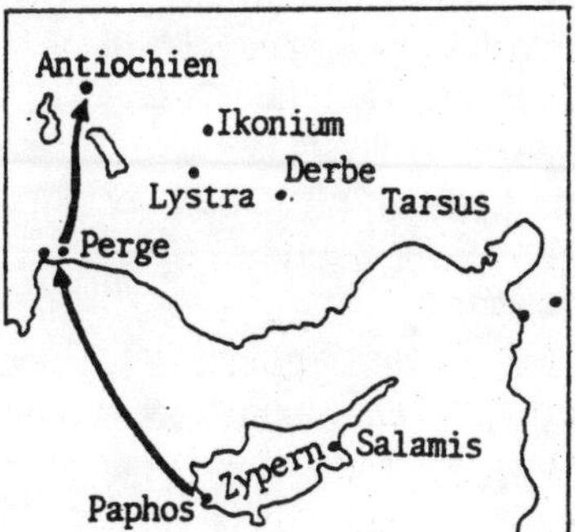

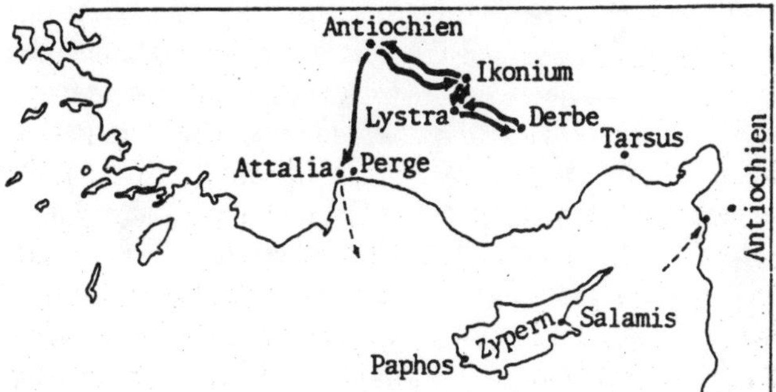

Verhaftung und Überstellung nach Rom als Gefangener (Apg 21 - 28).

Die Apostelgeschichte ist ein Buch der Zwischenbilanz. Sie blickt zurück auf rund fünfundzwanzig Jahre intensiver Missions- und Gemeindegründungsarbeit. Sie stellt dar, wie der Missionsauftrag Jesu (Apg 1,8) in Angriff genommen wurde. Und sie beschreibt, wie er ausgeführt wurde. Ohne die Berichte der Apostelgeschichte wüssten wir herzlich wenig über die Zeit der ersten christlichen Gemeinden. Aber die Apostelgeschichte ist mehr als nur ein Bericht, der historische Fakten und Entwicklungen darstellen will. Die Apostelgeschichte ist gleichzeitig ein Buch der Souveränität Gottes: Sie stellt das souveräne Handeln Gottes dar, der die Boten des Evangeliums lenkt und begleitet. Trotz größter Hindernisse breitet sich das Wort Gottes aus und fasst Fuß in den Herzen der Menschen.

Sehr wahrscheinlich hat Lukas verschiedene Quellen zur Abfassung seines Buches benutzt. Im Vorwort zu seiner Darstellung des Lebens Jesu (im Vorwort zum Lukasevangelium) hatte er geschrieben: *»Da es nun schon viele unternommen haben, einen Bericht von den Ereignissen zu verfassen, die sich unter uns zugetragen haben, wie sie uns die überliefert haben, die von Anfang an Augenzeugen und Diener des Wortes gewesen sind, hat es auch mir gut geschienen, der ich allem von Anfang an genau gefolgt bin, es dir, hochedler Theophilus, der Reihe nach zu schreiben, damit du die Zuverlässigkeit der Dinge erkennst, in denen du unterrichtet worden bist«* (Lk 1,1-4).

Da das Lukasevangelium und die Apostelgeschichte zwei Teile desselben Buches sind, können wir voraussetzen, dass das Vorwort am Anfang für beide Teile gültig ist. Das heißt: Lukas hat vor Abfassung der Apostel-

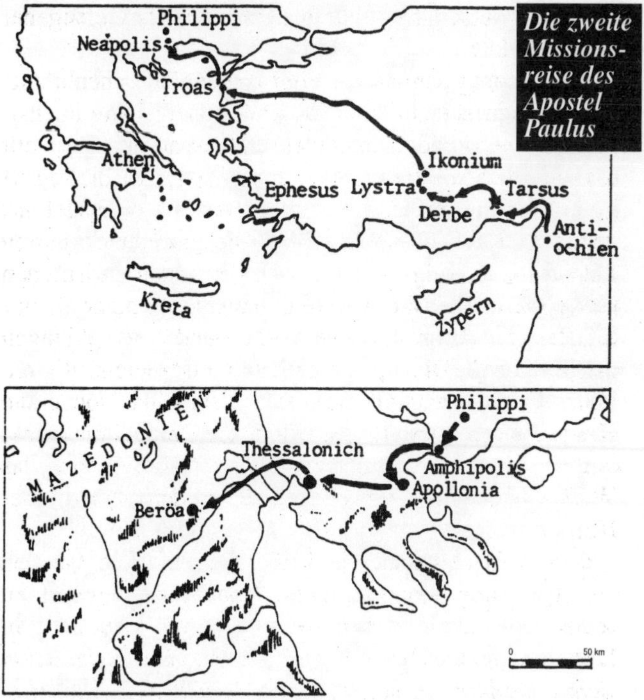

geschichte Augenzeugen befragt, die »von Anfang an« dabeigewesen sind. Für die Berichte aus der Jerusalemer Urgemeinde dürfte der Ansprechpartner vor allem Jakobus gewesen sein (Apg 21,16-19). Was die Missionsreisen des Paulus angeht, so hat Lukas über weite Strecken hinweg an ihnen teilgenommen und konnte so aus erster Hand Informationen über die Arbeit und Erfahrungen des Paulus bekommen. Interessant sind in diesem Zusammenhang auch die »Wir-Berichte« des Lukas, in denen Lukas aus eigener Anschauung und Erfahrung berichtet (Apg 16,10-40; 20,5 - 28,31 passim).

Lukas berichtet nichts über den Prozess gegen Paulus und erwähnt auch seine Hinrichtung nicht. Damit ist klar, dass er die Apostelgeschichte zwischen 60 und 62 n. Chr. niedergeschrieben hat.

Die Bibelkritik hat über den Wert der Apostelgeschichte als historischen Bericht ein sehr kritisches, ja skeptisches Urteil gefällt.[12] Sie führt die Berichte der Apostelgeschichte auf das Wunschdenken und die blühende Phantasie des Lukas zurück, der Paulus ein Denkmal habe setzen wollen, ohne ihn genauer zu kennen.

Dieses Urteil muss in Erstaunen versetzen, denn viele der Berichte der Apostelgeschichte werden durch Notizen in den Paulusbriefen direkt bestätigt. So berichtet, um nur einige Beispiele herauszugreifen, die Apostelgeschichte von der Flucht des Paulus aus Damaskus (Apg 9,23-25), wobei er in einem Korb an der Stadtmauer heruntergelassen wurde. Eine direkte Bestätigung dieses Berichtes findet sich in 2. Korinther 11,32-33. Die Apostelgeschichte berichtet davon (Apg 20,1-16), dass Paulus am Ende der dritten Missionsreise noch einmal durch Griechenland und von da aus nach Troas gereist sei. Eine direkte Bestätigung dieses Berichtes findet sich in 2. Korinther 2,12-13. Die Apostelgeschichte berichtet, dass Paulus drei Jahre nach seiner Bekehrung in Jerusalem gewesen sei und einige Apostel gesehen habe (Apg 9,26-27). Eine direkte Bestätigung dieses Berichtes findet sich in Galater 1,18-19. Die Liste ließe sich verlängern. Weiter enthält die Apostelgeschichte eine Reihe von Namen von Persönlichkeiten des öffentlichen Lebens, die aus anderen Quellen bereits bekannt sind, z. B. Gallio, den Statthalter in Achaja (Apg 18,12), oder Porcius Festus, Statthalter in Cäsarea (Apg 24,27), oder Felix, Prokurator in Judäa (Apg 24,22).

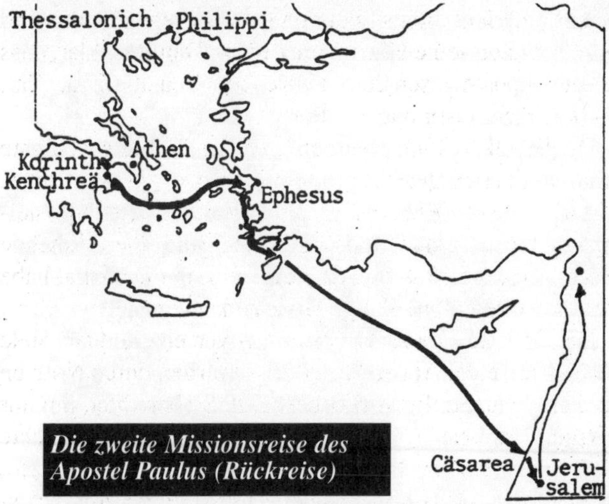

Die zweite Missionsreise des Apostel Paulus (Rückreise)

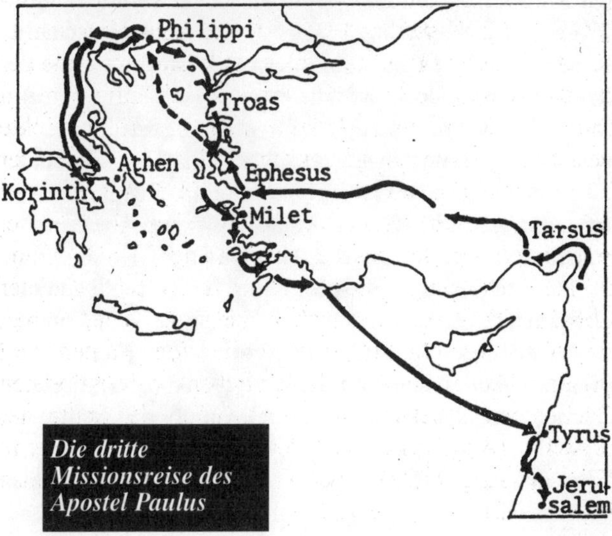

Die dritte Missionsreise des Apostel Paulus

Lukas erweist sich zudem als wohlvertraut mit dem römischen Recht (Apg 22,25-29) und mit den kulturellen Gegebenheiten in Kleinasien und Griechenland (Dianakult in Ephesus - Apg 19; Purpurhandel in Philippi - Apg 16). Dass Lukas auch geographisch bestens informiert war, werden wir gleich sehen.

Das skeptische Urteil der Bibelkritik erweist sich damit als ein echtes Vor-Urteil, das auch dadurch nicht besser wird, dass es in stereotyper Weise immer wiederholt wird. Das wird auch an einem Bericht der Apostelgeschichte deutlich, der lange Zeit in besonderer Weise der Kritik der Bibelkritiker ausgesetzt war: Der Bericht von der Seefahrt des Paulus nach Rom, dem Schiffbruch und der Landung auf der Insel Melite.[13]

Es muss »Melite« heißen und nicht »Malta«, wie es wahrscheinlich noch in vielen Bibeln steht. Paulus war nie auf Malta. Und die Apostelgeschichte sagt auch nirgends, dass er dort war. Schaut man in den Bericht in Apostelgeschichte 28 hinein, liest man in Vers 1: »Und als wir gerettet waren, da erfuhren wir, dass die Insel Melite heiße« - »Melite« steht da im griechischen Text, nicht »Malta«. Bibelkritische Forscher haben angenommen, dass mit Melite nur Malta gemeint sein könne, und darum haben sie »Melite« mit »Malta« übersetzt. Aber es steht so nicht da. »Melite« heißt übersetzt »die Honigreiche« und etliche Inseln in der Antike trugen diesen Namen oder Beinamen. Und nun kommt der historisch-kritische Kunstgriff: »Da steht doch in Vers 4-5«, so wird argumentiert, »dass Paulus von einer Giftschlange gebissen wurde, und alle erwarten, dass er sterben wird. Paulus aber schleudert das Tier ins Feuer und geht davon, als wäre nichts geschehen. Auf Malta gibt es aber gar keine Giftschlangen. Also zeigt sich wieder, dass Lukas sich geographisch nicht auskennt, denn er weiß ja über die Tierwelt der Insel Malta gar nicht Bescheid. Die ganze Romfahrt des Paulus dürfte daher eine blanke Erfindung des Lukas sein.« (So z. B. Ernst Haenchen, Kommentar zur Apostelgeschichte).

Eine interessante und überaus typische Argumentation. Erst wird eine Annahme getroffen. Mit »Melite« kann nur »Malta« gemeint sein. Und wenn dann die Beschreibung der Insel mit der Insel Malta nicht zusammenpasst, dann haben nicht etwa die Forscher Unrecht mit ihrer ersten Annahme »Melite« sei »Malta«, sondern Lukas hat Unrecht und hat die ganze Geschichte aus der Luft gegriffen. Wie überaus voreilig!

römisches Handelsschiff

Ein bis dahin gänzlich unbekannter Theologe namens Heinz Warnecke hat sich dann vor ein paar Jahren daran gemacht und den Bericht von der Seefahrt des Paulus, dem Schiffbruch und der Landung auf der Insel Melite genau überprüft. Lukas macht nämlich einige sehr präzise nautische und meteorologische Angaben über Winde, Wassertiefen und die Landungsstelle auf der Insel. Warnecke zog nun nautische Bücher zu Rate (auch einige aus dem Mittelalter), überprüfte die Strömungs- und Windverhältnisse, die im Winter im Mittelmeer herrschen, sprach auch mit erfahrenen Mittelmeerschiffern und kam zu dem Schluss: Paulus war nie auf Malta. Es

Die Lage von Kephallenia im adriatischen Meer

war rein unmöglich! Warum? Nun, zunächstmal gibt Lukas den Namen des Meeresteiles an, in dem Melite liegt, nämlich die Adria (Apg 27,27). Und in der Antike bezeichnete der Begriff »Adria« das Meer zwischen Appenin- und Balkanhalbinsel.

Dazu gehörten die westgriechischen Inseln, ganz gewiss aber Malta nicht! Weiter: Lukas benennt auch die Winde, die das Schiff übers Meer trieben, mit präzisen Begriffen: Die Fahrt von Kreta aus beginnt mit einem *»notos«*, einem Süd-Süd-Ost-Wind (Apg 27,13). Danach (Apg 27,14) gerät das Schiff in einen *»typsonikos«*, einen Zyklon. Präzise gibt Lukas dessen Richtung an: Er sagt, der Zyklon, sei ein *»eurakulon«* gewesen, ein Nord-Nord-Ost-Wind. Das tun in der Tat alle Zyklone auf der Nordhalbkugel der Erde. Sie ziehen, wie alle Tiefdruckgebiete (Erdrotation) von West nach Ost.

Von Kreta ging die Fahrt los Richtung Westen (Fahrtziel Italien). Dann kommt der Zyklon, der das Schiff Richtung Nord-Nord-Ost treibt. Zwei Wochen (Apg 27,27) treibt das Schiff auf dem Meer. Es ist dabei einem Nord-Nord-Ost-Sturm (und dazu noch der Oberflächenströmung im Mittelmeer) ausgesetzt, die sich mit 1 - 2 Seemeilen Geschwindigkeit von Westen nach Osten bewegt. Das Schiff hat die Segel gestrichen und Treibanker ausgeworfen (Apg 27,17). Wie soll es da in 14 Tagen den Seeweg nach Malta schaffen, das 900 km entfernt liegt? Das schafften antike Frachtschiffe nur bei günstigstem Wetter, besten Winden und unter vollen Segeln.

Nein, die Landung des Apostels Paulus auf Malta ist ein Seemannsgarn und sonst nichts! Warnecke hat dann weitergeforscht. Er errechnete, wo ungefähr Paulus mit dem Schiff gelandet sein müsste, wenn man die Wind- und Strömungsverhältnisse berücksichtigt. Und er wurde fündig. Warnecke entdeckte vor der Küste Griechenlands die Insel Kephallenia. Sie liegt in der süd-westlichen Adria. Die Wassertiefen vor der Insel entsprechen den von Lukas angegebenen Lottiefen (Apg 27,28). Auch die in Apostelgeschichte 27,41 erwähnte Landzunge (nicht: Sandbank)

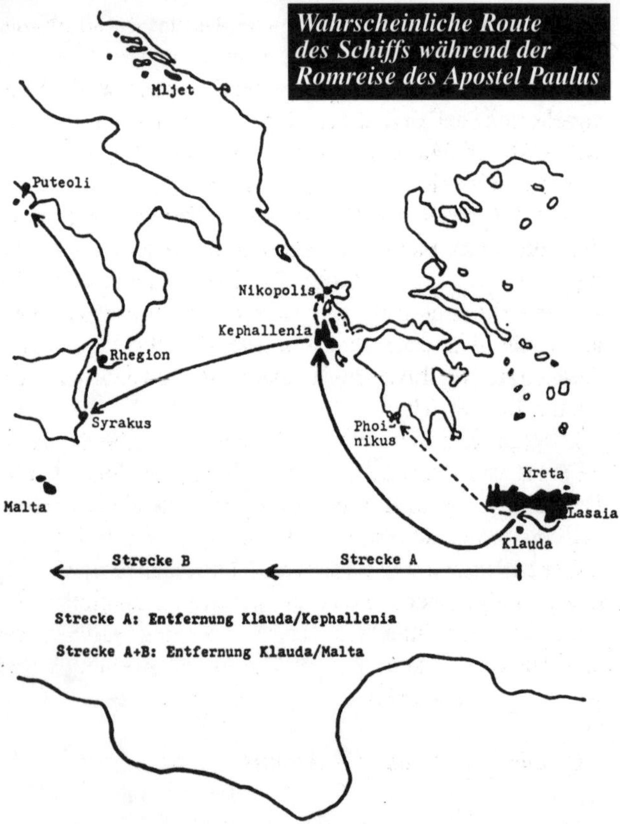

fand sich an der Westseite von Kephallenia, während auf Malta weder die Lottiefen stimmten, noch die Landzunge vorhanden war. Auch die in Apostelgeschichte 28,4 erwähnte Sandviper (Vipera ammodytes) erwies sich als heimisch auf Melite, während in Malta seit der Antike keinerlei Giftschlangen existieren. Besonders interessant ist eine Bemerkung des Lukas in Apostelgeschichte 28,2.

Er bezeichnet die Einwohner von Melite als »Barbaren« (*»barbaroi«* nicht: »Leute«). Warnecke wies nun nach, dass die Bewohner von Kephallenia einem Volksstamm angehörten, der damals zu den Barbaren gezählt wurde, während auf Malta Römer und Griechen wohnten, die Lukas gewiss nicht als »Barbaren« bezeichnet hätte.

Damit war klar: Paulus war nie auf Malta, sondern landete auf seiner Fahrt nach Rom an der Insel Kephallenia, die wie etliche Inseln damals den Namen (oder Beinamen) »Melite« trug. Der Bericht des Lukas war damit als verlässlich erwiesen. Für die Bibelkritiker brachte dies das endgültige Ende einer liebgewordenen, aber unzutreffenden Theorie.

Die Apostelgeschichte des Lukas trägt also alle Kennzeichen einer erstklassig recherchierten historischen Darstellung, die sich in ihren Angaben gerade bei näherer Prüfung immer wieder als zuverlässig erweist.

Gehen wir einen Schritt weiter: Die sechziger Jahre des ersten Jahrhunderts brachten für die christlichen Gemeinden im Römischen Reich eine Zeit rascher Veränderungen mit sich. Dieser Zeit des Umbruchs wollen wir uns nun zuwenden.

6. Die Bücher des Umbruchs

Die Kirche der ersten fünfundzwanzig Jahre war eine Apostelkirche. Das heißt: Die Führung der Gemeinden geschah zu einem wesentlichen Anteil durch die Apostel. Anfang bis Mitte der sechziger Jahre des ersten Jahrhunderts wurde absehbar, dass ein Umbruch bevorstand. Bis dahin hatte es hier und da Christenverfolgungen gegeben. Aber sie waren zeitlich und räumlich begrenzt geblieben. Das änderte sich, als Kaiser Nero Mitte der

Nero - römischer Kaiser 54 - 68 n. Chr.

fünfziger Jahre an die Macht kam. Nero war der erste Kaiser, der damit begann, planmäßig und organisiert die Christen im Römischen Reich zu verfolgen. Anfang der sechziger Jahre wurde die Lage für die Christen zusehends ernster. Paulus wurde verhaftet, Jakobus hingerichtet. Es war absehbar, dass auch die anderen Apostel über kurz oder lang inhaftiert werden würden. Was sollte dann werden? Eine Kirche ohne Leitung wäre eine leichte Beute für Kaiser Nero geworden. Die Apostel mussten handeln. Ein Umbruch stand bevor. Irgendwie mussten die Gemeinden sturmfest gemacht werden.

In dieser Zeit entstanden die Bücher (die Briefe) des Umbruchs. Es sind Briefe, die die Gemeinde vorbereiten wollen für die kommende schwierige Zeit.

Auch Paulus hat nüchtern gesehen, was da kam. Und er hat sich nach Kräften bemüht, in der verbleibenden kurzen Zeit das Nötige zu tun. Die Briefe des Paulus in dieser Umbruchzeit betonen daher auch Leitungsfragen und Gemeindestrukturen. Ein besonderes Gewicht liegt auf der Frage nach den Ältesten und Aufsehern, die der Gemeinde vorstehen sollen. Die Weitergabe und Pflege der »gesunden Lehre« der Apostel ist nun oberstes Gebot, weil nur auf dieser Grundlage Gemeinde gebaut und dauerhaft gefestigt werden kann. Für diese Aufgabe waren fähige Leiter nötig, die der Verantwortung gewachsen sein würden. Die Zeit des Umbruchs verlangte konkrete Maßnahmen zur Konsolidierung!

Interessant ist nun, wie die bibelkritische Forschung die Briefe der Umbruchszeit (l. und 2. Timotheusbrief, Titusbrief, 1. und 2. Petrusbrief) beurteilt.[14] Sie kommt zu höchst erstaunlichen Ergebnissen: Sowohl die Petrus- als auch die Paulusbriefe werden kurzerhand ihren Verfassern (Petrus und Paulus) abgesprochen und weit ins zweite Jahrhundert verlegt. Die genannten Briefe sollen aus der Hand von Paulus- bzw. Petrusschülern stammen, die unter dem Pseudonym ihrer Lehrer schrieben. Fragt man nach den Gründen für diese Annahme, stößt man auf eine verräterische Argumentation: Man könnte sie mit dem Kürzel »anarchisch-charismatisches Vorurteil« benennen. Was steckt dahinter? Innerhalb der bibelkritischen Forschung geistert das Phantom einer leitungslosen oder

Antikes Theater, Schauplatz eines Aufruhrs gegen die Christen in Ephesus

jedenfalls leitungsarmen (»anarchischen«) Kirche[15] des ersten Jahrhunderts herum. Insbesondere von dem Neutestamentler Ernst Käsemann[16] ist bekannt, dass er sich die Kirche des ersten Jahrhunderts gern als eine Kirche ohne Leitung vorstellte: Jeder brachte in dieser Kirche seine Gaben ein. Es herrschte eine Art »kreatives Chaos« und das Ganze stellte so etwas wie eine »charismatische Basisdemokratie« dar. Geordnete Ämter kamen erst im Laufe des zweiten Jahrhunderts. Da - so die Vorstellung - war es dann mit der herrlichen Freiheit zu Ende. Da kamen die Ämter, da wurde alles starr und tot. In manchen theologischen Lehrbüchern laufen die Timotheus-, Titus-, und Petrusbriefe unter der Überschrift: »Die katholischen Briefe«[17]. Das ist natürlich eine Wertung! Bei »katholisch« denken alle an Muff und Enge, an Unfreiheit und schnöde Gängelei. Nein, innerhalb der neutestamentlichen bibelkritischen Forschung blickt man mit Kühle und Distanz auf diese Briefe. Und es ist natürlich klar, dass ein Paulus sich nach Meinung der Bibelkritiker niemals in die Niederungen der Diskussion um Ämter und Gemeindestrukturen begeben konnte. Er kann - so die fast einhellige Meinung der Bibelkritiker - diese Briefe einfach nicht geschrieben haben! Paulus war kreativ und brilliant. Und darum kann er sich nicht um so profane Dinge wie Leitung und Dienste gekümmert haben. Und dieses »anarchisch-charismatische« Vorurteil ist letztlich der Grund dafür, dass man die Bücher des Umbruchs (die Timotheus-, Titus-, und Petrusbriefe) kurzerhand ins zweite Jahrhundert verlegt. Da ist man sie sozusagen erstmal los. Mit seriöser Forschung hat das aber nichts zu tun. Es lässt sich nämlich nachweisen, dass die Kirche Jesu Christi von Anfang an eine Kirche war, in der der Heilige Geist für Leitung und Führung sorgte, indem er einzelne Gläubige für die dazu notwendigen Aufgaben und Dienste mit Gaben ausrüstete. Das fing bereits bei Jesus und den Jüngern an und setzte sich dann in den Gemeinden fort.

Bereits im 1. Korintherbrief fordert Paulus seine Leute auf, sich ihren Leitern unterzuordnen (lKor 16,15-16). Und wenn wir in den Philipperbrief schauen, der ja auch unbestritten ein Paulusbrief ist, lesen wir in Kapitel 1,1: *»Paulus und Timotheus, Knechte Christi Jesu, allen Heiligen in Christus Jesus, die in Philippi sind, samt den Aufsehern und Dienern.«* Und Apostelgeschichte 6,1-7 berichtet, dass schon bald nach Entstehung der Urgemeinde für die Apostel die Notwendigkeit offensichtlich wurde, in Abstimmung mit der Gemeinde für bestimmte Aufgaben Diakone einzusetzen. Eines der Hauptkriterien, um dafür Leute auszuwählen, war die Tatsache, dass erkennbar war, dass der Heilige Geist in ihnen und durch sie wirkte. Später kamen auch Älteste hinzu, die ausdrücklich neben den Aposteln genannt werden und eindeutig Leitungsfunktionen inne hatten (vgl. Apg 15,4.6.22). Leitung und Führung gab es also von Anfang an in der Gemeinde. Die Fiktion der »anarchisch-charismatischen Basisgemeinde« ist eine Fata-Morgana, formuliert von Theologen, die offensichtlich wenig praktische Gemeindeerfahrung hatten, sonst hätten sie gewusst, dass es ohne geordnete Leitungsstrukturen in einer Gemeinde einfach nicht geht.

Also: Die Kirche war von Anfang an eine Kirche, in der Leitung und Führung selbstverständlich war. Aber nun, in der Zeit des Umbruchs kam der Frage nach der Leitung erneut große Bedeutung zu. Und darum treten in den Büchern (Briefen) des Umbruchs Regelungen, Anweisungen und Belehrungen diesbezüglich stärker hervor.

Möglicherweise hat Paulus gegen Ende der dritten Missionsreise den 1. Timotheusbrief, von Melite aus den Brief an Titus (auf Kreta) geschrieben und den 2. Timotheusbrief aus der Haft in Rom. Die Briefe wären dann zwischen 57 und 62 n. Chr. entstanden. Denkbar ist aber auch (wenn die Nachricht aus dem Clemensbrief aus dem Jahre 96 n. Chr. zutrifft), dass Paulus aus der römischen Haft noch einmal für einige Jahre freikam. In dieser Zeit entstand dann der 1. Timotheus- und der Titusbrief. Wenige Jahre später (um 67 n. Chr.) wurde Paulus dann erneut verhaftet und schrieb aus der Haft seinen letzten, den 2. Timotheusbrief. Welche der beiden Möglichkeiten die richtige ist, lässt sich heute nicht mehr mit absoluter Sicherheit sagen. Fest steht, dass die **Briefe an Timotheus und Titus** in den allerletzten Lebensjahren des Paulus entstanden.

Timotheus war der Sohn eines griechischen Vaters und einer jüdischen Mutter (Apg 16,1). Er kam aus Lystra (Kleinasien - Apg 14,6; 16,1) und wurde einer der wichtigsten Mitarbeiter des Paulus (Röm 16,21; 1Kor 16,10; Phil 2,19-22; 1Thess 3,2). Zeitweise war er auch Paulus' Stellvertreter und Bote (Apg 19,22; 1Kor 4,17; 2Kor 1,19; Phil 2,19; 1Thess 3,2.6) und steht in sechs Briefen neben Paulus mit im Eingangsgrußwort (2Kor 1,1; Phil 1,1; Kol 1,1; 1Thes 1,1; 2Thes 1,1; Phim 1). An Timotheus, Gemeindelehrer in Ephesus, hat Paulus die Timotheusbriefe geschrieben, an Titus, Gemeindelehrer in Kreta, den Titusbrief.

Drei große Themen haben die Briefe. An erster Stelle, herausragend und wichtig: Gemeindeleitung. Paulus schreibt über Auswahlkriterien für Älteste bzw. Aufseher und Diakone (1Tim 3,1-13; 5,17-25; Tit 1,5-9). Weiter gibt er einige Regeln für das allgemeine Zusammenleben der Gemeinde an die Hand (1Tim 2,1-15; 5,1-16; Tit 2,1-10). Man spürt, wie er bemüht ist, klare Strukturen in das Leben der Gemeinde hineinzubringen, um sie so für die Zukunft fest zu machen.

An zweiter Stelle steht das Thema »Irrlehre«. Paulus weiß, dass insbesondere die Gnosis eine ständige Bedrohung für die Gemeinden darstellt, und so setzt er sich in diesen Briefen häufig mit ihr auseinander (1Tim 1,3-11; 4,1-5; Tit 1,10-16). Höchst interessant ist ein Satz aus dem Ende des 1. Timotheusbriefes. Dort nennt Paulus die Gnosis zum ersten mal deutlich bei ihrem Namen. Es heißt dort: *»O Timotheus, bewahre das anvertraute Gut, indem du die unheiligen leeren Reden und Einwände der fälschlich so genannten Erkenntnis* (gr. gnosis) *meidest, zu der sich einige bekennen und von dem Glauben abgeirrt sind! Die Gnade sei mit euch!«* (1Tim 6,20-21).

In den Briefen der Grundlegung hatte Paulus die Wahrheit Gottes niedergelegt. Jetzt, in der Zeit des Umbruchs, bittet er Timotheus inständig, diese Wahrheit zu bewahren und treu an die Gemeinde(n) weiterzugeben. Paulus war sich also bewusst, dass mit der Zeit der Apostel eine besondere Zeit zu Ende ging: die Zeit, in der Gott durch die Apostel abschließend Wahrheit offenbarte und für ihre Niederschrift sorgte. Für die Generation nach den Aposteln, für alle Generationen nach den Aposteln galt und gilt nun das Festhalten und Bewahren der Wahrheit Gottes. In diesen Zusammenhang gehört auch die Mahnung, die Paulus im 2. Timotheusbrief an seinen Mitarbeiter und Vertrauten schickt. *»Du aber«*, schreibt Paulus, *»bleibe in dem, was du gelernt hast und wovon du überzeugt bist, da du weißt, von wem du gelernt hast ... Alle Schrift ist von Gott eingegeben und nützlich zur Lehre, zur Überführung, zur Zurechtweisung, zur Unter-*

weisung in der Gerechtigkeit« (2Tim 3,14.16; vgl. auch 1Tim 4,13-17; 6,2-5; Tit 3,4-8).

An dritter Stelle in den Briefen an Timotheus und Titus steht dann das Thema »Verfolgung« und das Standhalten in der Verfolgung (2Tim 2 - 4; Tit 3), deren dunkle Schatten nun immer deutlicher auf die christlichen Gemeinden fallen. Paulus stand vor der Aufgabe, alte aber auch junge Menschen darauf vorzubereiten, dass sie ihr Leben um Jesu willen verlieren könnten. Er stand vor der Aufgabe, Menschen darauf vorzubereiten, dass sich ihre Träume und Wünsche an das Leben in dieser Welt vielleicht nicht mehr erfüllen würden. Keine leichte Aufgabe, fürwahr! Paulus hat die Dinge nüchtern und ohne Schnörkel beim Namen genannt: *»Alle aber auch, die gottesfürchtig leben wollen in Christus Jesus, werden verfolgt werden«* (2Tim 3,12). Aber er hat dann auch die große Perspektive genannt, die für alle die gilt, die ihr Leben um Jesu willen verlieren. *»Das Wort ist gewiss«*, schreibt er. *»Denn wenn wir mitgestorben sind, werden wir auch mitleben«* (2Tim 2,11-12).

Zu den Briefen des Umbruchs gehören auch die beiden **Petrusbriefe**. Petrus hat sie wahrscheinlich Mitte der sechziger Jahre in Rom abgefasst (das in seinen Briefen verschlüsselt unter dem Namen »Babylon« auftaucht; vgl. 1Petr 5,13).

Lange Zeit war unbestritten, dass Petrus der Verfasser der Petrusbriefe sei. Beide Briefe nennen ihn eindeutig als Verfasser (1Petr 1,1; 2Petr 1,1) und Petrus gibt sich zusätzlich als Augenzeuge der Verklärung Jesu zu erkennen (2Petr 1,17-18; Mk 9,2-7).

Dann aber wurden von der bibelkritischen Forschung Zweifel an der Verfasserschaft des Petrus laut.[18] Interessanterweise wurde für die Begründung der Zweifel die Bibel selbst gebraucht. In Apostelgeschichte 4,13 (Petrus und Johannes vor dem Hohen Rat in Jerusalem) wird vom Erstaunen der Ratsmitglieder über den Mut von Petrus und Johannes berichtet: *»Als sie aber die Freimütigkeit des Petrus und Johannes sahen und bemerkten, dass es ungelehrte und ungebildete Leute seien, verwunderten sie sich.«* Bibelkritische Exegeten behaupteten nun, ein einfacher israelitischer Fischer könne unmöglich Briefe in einem so guten Griechisch geschrieben haben - trotz der eindeutigen Verfasserangabe und der Tatsache, dass der Verfasser der Petrusbriefe sich als Augenzeuge des Lebens und Wirkens Jesu zu erkennen gibt (1Petr 5,1; 2Petr 1,16-18).

Nehmen wir Maß an der bibelkritischen Argumentation. Wie ist das: Konnte Petrus - ein Fischer aus Kapernaum - die Petrusbriefe schreiben?

Nun, zunächst ist zu berücksichtigen, dass Fischer in Israel keineswegs zur Arbeiter-, sondern zur Mittelschicht gehörten. Der Neutestamentler Rainer Riesner hat dies in seinem Buch »Jesus als Lehrer« deutlich herausgearbeitet. Fischer gehörten neben den Zöllnern und Handeltreibenden zu denen, die neben Hebräisch in der Regel auch noch Griechisch sprachen. Griechisch war eben damals die Weltsprache, mit der man sich im gesamten Römischen Reich verständigen konnte.

Weiter: Petrus war nicht irgendwer. Petrus hatte seine Familie, seinen Beruf sein ganzes gesichertes Leben hinter sich gelassen und war ein Jünger Jesu geworden. Und er ging drei Jahre - ohne Unterbrechung - in die Schule bei dem vollmächtigsten Redner und Prediger aller Zeiten. Bei Jesus aus Nazareth. Petrus lernte bei Jesus. Er wurde förmlich ausgebildet und dann auch ausgesandt, um das Evangelium in Israel weiterzugeben. Sollte all das ohne Spuren bei ihm geblieben sein?

Und dann: Zwischen der Berufung des Petrus durch Jesus und der Niederschrift der Petrusbriefe liegen rund dreißig Jahre. Dreißig Jahre, in denen Petrus ununterbrochen lehrte und predigte. Sicher auch auf Griechisch. Sollte er in diesen Jahren nicht gelernt haben sich auszudrücken - als »Diener des Wortes« (Lk 1,1-4)?

Interessant ist auch, dass die Reden des Petrus, wie sie die Apostelgeschichte überliefert, und die Petrusbriefe immer wieder Ähnlichkeiten in der Ausdrucksweise aufweisen. So taucht in Apostelgeschichte 10,42 der Ausdruck »Richter der Lebenden und Toten« für Jesus in einer Petrusrede auf. Ganz genau derselbe Ausdruck (nur diesmal in Verbform) findet sich dann in 1. Petrus 4,5. Oder: In Apostelgeschichte 4,10-11 zitiert Petrus in einer Rede Psalm 118,22 und bezieht ihn auf Jesus. Schlägt man dann 1. Petrus 2,7-8 auf, stellt man fest, dass auch dort Psalm 118,22 zitiert und auf Jesus bezogen wird. Und schaut man dann Matthäus 21,42 an, dann findet sich dort dasselbe Psalmzitat, aber diesmal im Munde Jesu, der es auf sich und sein Leben bezieht: *»Der Stein, den die Bauleute verworfen haben, dieser ist zum Eckstein geworden.«* Man kann sich förmlich vorstellen, wie Petrus damals diese Worte hörte, die sich tief in seine Seele eingruben, so dass er sie später in seinen Briefen wieder verwendete. In Apostelgeschichte 1,18 taucht die seltene Wendung »Lohn der Ungerechtigkeit« in einer Petrusrede auf. Sie findet sich wieder in 2. Petrus 2,13.15. Die Liste ließe sich unschwer verlängern (*kolazontai* - strafen/Strafe in Apg 4,21; 2Petr 2,9; »Kraft« als Ausdruck für den Charakter Gottes in Apg 3,12; 2Petr 1,3).

Konnte Petrus die Petrusbriefe schreiben? Die Antwort ist klar: Er konnte. Das Argument der Bibelkritik, der Fischer Petrus wäre unfähig gewesen, diese Briefe zu verfassen, geht von falschen Voraussetzungen aus und ist nicht haltbar.

Einige Kritiker haben dann in Bezug auf den 2. Petrusbrief eingewandt, es sei in der Kirche des dritten Jahrhunderts doch aber umstritten gewesen, ob Petrus diesen Brief verfasst habe. Das stimmt. Es hat in der Kirche des dritten Jahrhunderts (Eusebius) Stimmen gegeben, die Zweifel daran äußerten, ob Petrus den 2. Petrusbrief geschrieben habe. Aber auch hier lohnt es, genauer hinzuschauen: Petrus wurde, wie der 2. Petrusbrief ankündigt, bald nach der Niederschrift des 2. Petrusbriefes in Rom hingerichtet (2Petr 1,13-15). Das heißt: Petrus hatte gar nicht mehr die Möglichkeit, die Urheberschaft an diesem Brief zu bestätigen. Und dann: Woher kamen im dritten Jahrhundert die Zweifel an der Echtheit des 2. Petrusbriefes? Die kamen daher, dass in der Kirche allerlei Schriften auftauchten, die angeblich von Petrus stammen sollten, aber in Wahrheit Fälschungen waren: »Offenbarung des Petrus«, »Petrusevangelium«, »Petrusakten« usw. Alle diese Schriften - und eben auch der 2. Petrusbrief wurden daraufhin sehr kritisch überprüft. Und allein der 2. Petrusbrief wurde 397 n. Chr. auf dem 3. Konzil von Karthago offiziell als apostolisch bestätigt. Alle anderen kursierenden Schriften dagegen wurden als Fälschungen abgelehnt und darum auch nicht in den Kanon des NT aufgenommen.

Inhaltlich konzentrieren sich die Petrusbriefe auf Trost, Ermahnung und praktische Verhaltensmaßregeln für den Alltag (der Verfolgung): Die Christen in der nördlichen Türkei, für die die Briefe bestimmt sind, werden zum

Ausharren in der Verfolgung, zum Verzicht auf Rache, zu einem geheiligten, vorbildlichen Leben und zur Liebe und Demut untereinander ermutigt. Besonders der 2. Petrusbrief mahnt, das geistliche Wachstum nicht zu vernachlässigen und angesichts umlaufender Irrlehren in der Wahrheit des Wortes Gottes zu bleiben. *»Denn wir haben euch die Macht und Ankunft unseres Herrn Jesus Christus kundgetan«*, schreibt Petrus, *»nicht indem wir ausgeklügelten Fabeln folgten, sondern weil wir Augenzeugen seiner herrlichen Größe gewesen sind. Denn er empfing von Gott, dem Vater, Ehre und Herrlichkeit, als von der erhabenen Herrlichkeit eine solche Stimme an ihn erging: ›Dies ist mein geliebter Sohn, an dem ich Wohlgefallen gefunden habe.‹ Und diese Stimme hörten wir vom Himmel her ergehen, als wir mit ihm auf dem heiligen Berg waren. Und so besitzen wir das prophetische Wort um so fester, und ihr tut gut, darauf zu achten als auf eine Lampe, die an einem dunklen Ort leuchtet, bis der Tag anbricht und der Morgenstern in euren Herzen aufgeht, indem ihr dies zuerst wisst, dass keine Weissagung der Schrift aus eigener Deutung geschieht. Denn niemals wurde eine Weissagung durch den Willen eines Menschen hervorgebracht, sondern von Gott her redeten Menschen, getrieben vom Heiligen Geist«* (2Petr 1,16-21; vgl. 2Petr 3,2).

Die Jahre des Umbruchs waren schwierige Jahre. Nicht nur die immer neuen Verfolgungswellen durch die römische Obrigkeit setzten die Gemeinden harten Belastungsproben aus. Auch die Irrlehre der Gnosis stiftete weiter Unsicherheit und Verwirrung in den Reihen der Christen. So ist es kein Wunder, dass die letzten Briefe des Neuen Testaments sich immer wieder mit der Verfälschung der Wahrheit auseinandersetzen. Der kurze **Judasbrief** (entstanden zwischen 67 und 80 n. Chr. und wahrscheinlich von einem weiteren Halbbruder Jesu verfasst) widmet sich ausschließlich diesem Thema. Und auch die **Johannesbriefe** kämpfen genau an dieser Linie.

Erstaunlicherweise wird der Verfasser der Johannesbriefe in den Briefen selbst nicht genannt. Es wird überhaupt kein Absender namentlich genannt. Der einheitliche Stil und die besondere Ausdrucksweise in allen drei Briefen lassen lediglich erkennen, dass sie von ein und demselben Verfasser stammen müssen. Im 2. und 3. Johannesbrief findet sich dann noch ein Hinweis: Der Absender wird dort als der »Älteste« bezeichnet. Das war ein Wort, das damals nicht nur für die führenden Persönlichkeiten in der Gemeinde, sondern auch für die Apostel und sonstige Augenzeugen des Lebens Jesu verwendet wurde (2Jo 1; 3Jo 1). Zusätzlich macht der 1. Johannesbrief (1,1-2) deutlich, dass der Verfasser der Johannesbriefe ein Augenzeuge Jesu ist. Daraus kann man mit einiger Sicherheit schließen, dass der Verfasser der Johannesbriefe ein Apostel war. Nimmt man dann die sprachliche Nähe der Johannesbriefe zum Johannesevangelium hinzu und berücksichtigt, dass alle Autoritäten der frühen Kirche (Irenäus / Clemens von Alexandrien / Tertullian) übereinstimmend den Apostel Johannes als Verfasser nennen, legt sich der Schluss zwingend nahe, dass der Apostel Johannes, Verfasser des Johannesevangeliums, auch die Johannesbriefe geschrieben hat. Die intensive Auseinandersetzung mit Irrlehrern legt nahe, dass die Johannesbriefe zwischen 60 - 90 n. Chr. geschrieben wurden.

Drei Themen prägen die Johannesbriefe: Zum einen geht es um das Leben im Licht der Wahrheit und die bewusste Loslösung von allem, was die Gemeinschaft mit

Jesus stört: *»Wenn wir sagen, dass wir keine Sünde haben«*, heißt es in 1. Johannes 1,8-9, *»betrügen wir uns selbst, und die Wahrheit ist nicht in uns. Wenn wir unsere Sünden bekennen, ist er treu und gerecht, dass er uns die Sünden vergibt und uns reinigt von jeder Ungerechtigkeit.«* Weiter hat Johannes das Leben in der Gemeinde im Blick und mahnt zu gegenseitiger Liebe und Unterordnung. *»Wer sagt, dass er im Licht sei«*, schreibt er, *»und hasst seinen Bruder, ist in der Finsternis bis jetzt. ... Wer aber seinen Bruder hasst, ist in der Finsternis und wandelt in der Finsternis und weiß nicht, wohin er geht, weil die Finsternis seine Augen verblendet hat«* (1Jo 2,9-11). Und drittens enthalten seine Briefe deutliche Warnungen vor Irrlehrern, die bestreiten, dass Jesus als Mensch Gottes Sohn und der Messias war. Johannes schreibt dazu:

»Geliebte, glaubt nicht jedem Geist, sondern prüft die Geister, ob sie aus Gott sind! Denn viele falsche Propheten sind in die Welt hinausgegangen. Hieran erkennt ihr den Geist Gottes: Jeder Geist, der Jesus Christus, im Fleisch gekommen, bekennt, ist aus Gott; und jeder Geist, der nicht Jesus bekennt, ist nicht aus Gott; und dies ist der Geist des Antichrists, von dem ihr gehört habt, dass er komme, und jetzt ist er schon in der Welt« (1Jo 4,1-3).

Johannes ist der einzige (bekannte) Apostel, der die christlichen Gemeinden persönlich durch die schwierigen Jahre des Umbruchs begleitete. Und - aus seiner Feder kam dann auch das Buch, das als das letzte Buch der Bibel den Christen in bedrängter Zeit einen faszinierenden großen Ausblick auf Gottes Zukunft eröffnete. Diesem Buch wollen wir uns nun zum Schluss noch zuwenden.

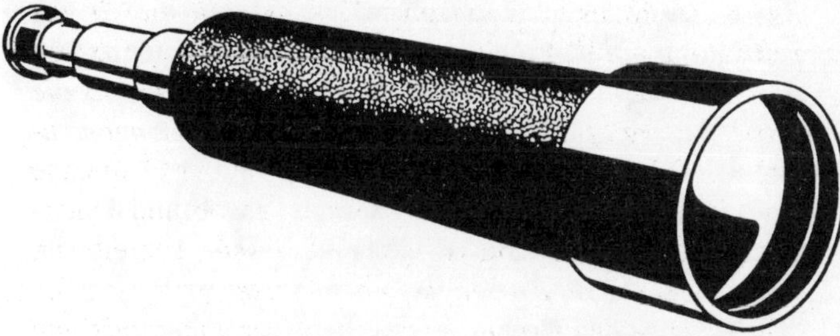

7. Das Buch des Ausblicks

Viele Christen begegnen dem Buch der Offenbarung mit einer gewissen Kühle und Distanz. Meist liegt das daran, dass sie irgendwann einmal versucht haben, dieses großartige Buch zu verstehen - und dann damit gescheitert sind. Vielen geht das so: Sie haben sich redlich bemüht, die Aussagen der Johannesoffenbarung zu erschließen, aber irgendwann ging ihnen einfach die Puste aus.

Diese Erfahrung ist nicht zufällig. Es ist eine notwendige Erfahrung. Denn: Die zahlreichen Bilder in der Johannesoffenbarung stammen zu einem großen Teil direkt oder indirekt aus dem Alten Testament. Das heißt: Wer die Aussagen im Buch der Offenbarung verstehen will, tut gut daran, eine solide Kenntnis des Alten Testaments mitzubringen, insbesondere der Propheten Hesekiel und Daniel. Und damit ist klar: Unsere Schwierigkeiten beim Verstehen gerade dieses biblischen Buches sagen etwas aus über unsere Unkenntnis des Alten Testaments. Für die Christen des ersten und zweiten Jahrhunderts dürfte die Johannesapokalypse keineswegs so schwierig gewesen sein, wie für uns heute: Das Alte Testament war damals doch bei vielen sehr viel besser bekannt als in unseren Tagen. Ein Beispiel: Offenbarung 12,1 beschreibt das Bild einer Frau, die mit der Sonne bekleidet ist, den Mond unter ihren Füßen hat und eine Krone, bestehend aus zwölf Sternen, trägt. In manchen Kommentaren wird nun behauptet, die Frau sei ein Sinnbild für die christliche Gemeinde. Aber das ist nicht der Fall. Das Bild erschließt sich, wenn man 1. Mose 37,9-11 aufschlägt, wo dasselbe Bild das Volk Israel, das Volk der Juden (nicht: die Kirche) bezeichnet.

Johannes[19] hat das Buch der Offenbarung sehr wahrscheinlich während der Herrschaft des Kaisers Domitian (85 - 96 n. Chr.) im Jahre 95 oder 96 n. Chr. in der Verbannung auf der Insel Patmos geschrieben (so jedenfalls Eusebius und Clemens von Alexandrien - anders Papias: Johannes sei vor dem Jahre 70 n. Chr. den Märtyrertod gestorben). Er selbst wird in Offenbarung 1,1-2 eindeutig als Verfasser genannt und innerhalb der Kirche war hat sich diese Sicht ohne nennenswerte Widersprüche auch auf breiter Basis durchgesetzt.

Worum geht es nun im Buch der Offenbarung?

Johannes selbst beantwortet diese Frage. In Offenbarung 1,19 berichtet er, welchen Auftrag ihm Gott gibt: *»Schreibe nun, was du gesehen hast und was ist und was nach diesem geschehen wird.«* Also: Johannes soll aufschreiben, was Gott ihm zeigen wird. Und das, was Gott ihm zeigen wird, wird die Gegenwart betreffen und die Zukunft *(»was ist und was nach diesem geschehen wird«)*. Das Buch der Offenbarung zerfällt also in zwei Teile. Einen Gegenwartsteil (natürlich die Gegenwart des Johannes) und einen Zukunftsteil.

Der Gegenwartsteil findet sich in den Kapiteln 1-3 des Buches der Offenbarung. Sieben Gemeinden in Kleinasien werden dort konkret angesprochen: Ephesus, Smyrna, Pergamon, Thyatira, Sardes, Philadelphia und Laodizea. Und Johannes richtet diesen Gemeinden Botschaften des auferstandenen Jesus aus; die meisten davon mahnend und aufrüttelnd.

Der weitaus größere Teil des Buches befasst sich dann mit der Zukunft (Kap. 4 - 22). Die Frage ist nur, mit welcher Zukunft! Einige Ausleger meinen, Johannes schreibe über die unmittelbar bevorstehende Zukunft, also über das 1. und 2. Jahrhundert nach Christus (so die Mehrheit der bibelkritischen Neutestamentler). Andere meinen, das Buch der Offenbarung beschreibe den Weg der Kirche durch die Jahrhunderte hindurch (Luther, Newton, Elliott). Und wieder andere meinen, das Buch der Offenbarung mache einige allgemeine Aussagen über die Kirche, die immer wahr seien (J. Ellul). Alle drei Ansätze können nicht überzeugen und zwar aus einem sehr einfachen Grund. Das Buch der Offenbarung endet mit der Wiederkunft Jesu, der Aufrichtung des Tausendjährigen Reiches und dem Anbruch der Ewigkeit. Davor beschreibt Johannes die Ereignisse, die der Wiederkunft Jesu vorausgehen. Das heißt: Johannes präsentiert eine lückenlose Abfolge von Ereignissen. Und er lässt nirgendwo erkennen, dass zwischen den einzelnen Ereignissen lange Pausen eintreten könnten. Johannes beschreibt einfach die Zeitspanne, die der Wiederkunft Jesu unmittelbar vorausgeht. Er beschreibt also nicht den Weg der Kirche durch die Jahrhunderte hindurch. Er beschreibt auch nicht seine eigene unmittelbare Zukunft und er macht auch keine allgemeinen Aussagen über die Kirche, die immer wahr sind. Er beschreibt die letzten Jahre der Menschheit vor der Wiederkunft Jesu, dem Gericht über die Völker und dem Anbruch der neuen Welt Gottes. Dabei führt er viele Prophezeiungen des Alten Testaments zu Ende (z. B. Dan 9,24-27; Mt 24 - 25 - Endzeitreden Jesu) und beschreibt den Heilsplan Gottes in vielen wichtigen Details.

Johannes berichtet in seinen von Gott gegebenen Visionen vom Auftreten des Antichristen in den letzten Jahren der Menschheit. Er berichtet von der Faszination, die er auf die Menschen ausübt und von der Macht, die er auf der Welt gewinnt (Offb 13). Johannes berichtet auch von der immer offener zu Tage tretenden Feindschaft der Menschheit gegen Gott und die zunchmende Isolation und Unterdrückung der Glaubenden. Johannes beschreibt eine Welt, in der das Böse zur Reife gekommen ist. Und über diese Welt vollzieht sich dann das Gericht Gottes. Das Buch der Offenbarung ist ein Buch, das das Gericht Gottes darstellt. In den Bildern von den geöffneten Siegeln, den Posaunen und den Zornesschalen beschreibt Johannes zweierlei: Die immer massiveren Auswirkungen des Zornes Gottes in der Welt und die immer weitergehende Verhärtung der Menschen gegen die Autorität des lebendigen Gottes.

Das Buch endet mit der Wiederkunft Jesu, der Überwindung des Antichristen, dem Beginn und der Vollendung des Tausendjährigen Reiches, der endgültigen Überwindung und Verurteilung Satans zu ewiger Verdammnis und der Schaffung des neuen Himmels und der neuen Erde, in der der lebendige Gott bei den Menschen wohnen und alle Tränen abwischen wird.

Das Buch der Offenbarung zeigt, wie Gott über das Böse triumphiert. Und darum hat gerade dieses Buch durch die Jahrhunderte hindurch Christen in Bedrängnis ermutigt. Das Buch der Offenbarung eröffnet den Blick auf Gottes große Zukunft und rückt damit immer wieder die Perspektiven zurecht. Es ist das Buch des großen Ausblicks und steht damit zu Recht als letztes Buch am Ende des Neuen Testaments.

8. Fazit

»Warum schrieb Paulus Briefe?« - Mit dieser Frage haben wir unseren Durchgang durch das Neue Testament von der Apostelgeschichte bis zum Buch der Offenbarung begonnen. Wir haben die Bücher der Grundlegung kennengelernt und das Buch der Zwischenbilanz. Wir haben die Bücher des Umbruchs angeschaut und das Buch des Ausblicks. Und jetzt, am Ende, stellt sich natürlich die Frage. Was machen wir mit alldem? Was ziehen wir für eine Schlussfolgerung? Welches ist unser Fazit?

Ich glaube, dies ist unser Fazit: Wir sollten sehr nüchtern sein!

- ➜ Von Anfang an war es schwierig für die Gemeinde.
- ➜ Von Anfang an war es schwierig für die Christen.
- ➜ Von Anfang an hat es die Verfälschung der Wahrheit gegeben.
- ➜ Von Anfang an war Verfolgung da.
- ➜ Von Anfang an hat Satan attackiert und versucht, die Ausbreitung der rettenden Wahrheit Gottes zu stoppen.
- ➜ Von Anfang an hat es Feindschaft von Menschen gegeben, Gegnerschaft und Kämpfe.
- ➜ Es war niemals richtig nett für die Gemeinde Jesu Christi in der Welt.

➔ Es war niemals richtig nett für die Christen in der Welt.

➔ Und es wird nicht nett sein! Niemals!

Das - sollten wir sehr nüchtern sehen.

Die Gemeinde hat durch die Jahrhunderte hindurch entweder Verfolgung erlebt oder die Verfälschung der Wahrheit durch Irrlehren oder beides. Aber sie hatte nie Zeiten, wo es *weder* Verfolgung *noch* die Bedrohung durch Irrlehre gab. Mindestens eines von beiden war immer vorhanden. Und das hängt damit zusammen, dass Satan nicht ruhen kann, solange das Evangelium von Jesus gesagt und ausgebreitet wird. Er kann nicht ruhen. Er muss dagegen ankämpfen. Weil er der Vater der Lüge und der Feind Gottes ist.

Die Bundesrepublik des Jahres 1998 ist ein Land, in dem es keine echte Christenverfolgung, wohl aber einen äußerst massiven Angriff der Irrlehre gibt. Die Verfälschung, Entstellung und Verhöhnung der Wahrheit gehören seit Jahrzehnten zum Alltag in unserem Land, und seit einigen Jahren steigern sie sich massiv (feministische Theologie / tiefenpsychologische Bibelinterpretation / Power Evangelism / Einbruch des Okkultismus / Propagierung von Homosexualität). Und diejenigen, die die Verfälschung der Wahrheit betreiben, kommen in aller Regel nicht von außerhalb, sondern sie stehen *innerhalb* der Kirche auf. Sie sitzen womöglich sogar auch auf den Chefsesseln der kirchlichen Führungsetagen. Vor unseren Augen geschieht das, was der Apostel Paulus gegen Ende seines Lebens angekündigt hat. *»Ich weiß, dass nach meinem Abschied grausame Wölfe zu euch hereinkommen* *werden, die die Herde nicht verschonen. Und aus eurer eigenen Mitte werden Männer aufstehen, die verkehrte Dinge reden, um die Jünger abzuziehen hinter sich her«* (Apg 20,29-30).

Was heute geschieht, was uns heute Probleme macht, ist also nichts Ungewöhnliches. Wir sollten das sehr nüchtern sehen. Lamentieren nützt nichts. Schimpfen auch nicht. Nostalgisches Zurückblicken in die vermeintlich gute alte Zeit erst recht nicht! Helfen tut nur eines: Die möglichst genaue Kenntnis der Wahrheit Gottes und ihre entschlossene Anwendung in der geistlichen Auseinandersetzung. Die Wahrheit Gottes ist unschlagbar, weil es die Wahrheit Gottes ist. Er steht dahinter. Er wird dafür sorgen, dass sie sich durchsetzt und immer wieder Menschen erreicht und überwindet. Und er wird an unserer Seite sein, wenn wir seine Wahrheit, wie die Bibel sie uns präsentiert, hören, leben und sagen.

Und darum: Geben wir unser Leben nicht der Bequemlichkeit. Und auch nicht dem Konsum. Und nicht der Gemütlichkeit. - Geben wir unser Leben nicht der Trägheit oder der Feigheit unseres Herzens.

Nein! Unser Leben für die Wahrheit Gottes. Unser Leben für Jesus!

BÜCHER DES
(in ihrer zeit-

Buch	Autor	Zeit der Niederschrift
Galater	Paulus	49, unmittelbar nach der ersten Missionsreise
1. Thessalonicher	Paulus	50-51, während der zweiten Missionsreise
2. Thessalonicher	Paulus	50-51, während der zweiten Missionsreise
1. Korinther	Paulus	54, während der dritten Missionsreise
2. Korinther	Paulus	55, während der dritten Missionsreise
Römer	Paulus	55, während der dritten Missionsreise
Jakobus	Jakobus, der Halbbruder Jesu	40er oder 50er Jahre
Markus	Johannes Markus	Ende der 50er oder Anfang der 60er Jahre
Philemon	Paulus	60
Kolosser	Paulus	60
Epheser	Paulus	60
Lukas	Lukas	60
Apostelgeschichte	Lukas	61
Philipper	Paulus	61
1. Timotheus	Paulus	62
Titus	Paulus	62
2. Timotheus	Paulus	63
1.Petrus	Petrus	63
2.Petrus	Petrus	63-64
Matthäus	Matthäus	60er Jahre
Hebräer	unbekannt (Paulus?)	60er Jahre
Judas	Judas, der Halbbruder Jesu	60er oder 70er Jahre
Johannes	Johannes	zwischen 85 und 95
1. Johannes	Johannes	zwischen 85 und 95
2. Johannes	Johannes	zwischen 85 und 95
3. Johannes	Johannes	zwischen 85 und 95
Offenbarung	Johannes	zwischen 85 und 95

NEUEN TESTAMENTS
lichen Reihenfolge)

Ort der Niederschrift	Adressaten
Antiochia in Syrien (?)	Christen in Antiochia in Pisidien, Ikonium, Lystra, Derbe und Südgalatien
Korinth	Christen in Thessalonich
Korinth	Christen in Thessalonich
Ephesus	Christen in Korinth
Mazedonien	Christen in Korinth
Korinth	Christen in Rom
vermutlich Jerusalem	Judenchristen in der Diaspora
Rom	nicht-christliche Römer; Neubekehrte
Rom	Philemon, seine Familie und die Gemeinde in seinem Haus in Kolossä
Rom	Christen in Kolossä
Rom	Christen in der Gegend um Ephesus
vermutlich Cäsarea oder Rom	nicht-christl. röm. Beamte, bzw. Nicht-Christen aus anderen Kulturkreisen
Rom	wie bei Lukas
Rom	Christen in Philippi
Mazedonien	Timotheus in Ephesus
Nikopolis	Titus in Kreta
Rom	Timotheus in Ephesus
Rom	Christen in Kleinasien
Rom	Christen in Kleinasien
vermutlich Antiochia in Syrien	Juden in Syrien oder Palästina
unbekannt	Judenchristen in Rom oder Jerusalem
unbekannt	Christen im allgemeinen
Ephesus	Christen und/oder Nicht-Christen in der Gegend um Ephesus
Ephesus	Christen in der Gegend um Ephesus
Ephesus	eine Gemeinde in der Gegend um Ephesus
Ephesus	Gajus, ein Christ aus der Gegend um Ephesus
Patmos, vor der Küste Kleinasiens	sieben Gemeinden im westlichen Teil Kleinasiens

ZEITTAFEL

Judäa		Christentum		Rom	
40 v.Chr. - 4 v.Chr.	Herodes der Große			31v.Chr.-14n.Chr.	Octavian (Kaiser Augustus) Alleinherrscher über das römische Reich
37 v.Chr.	Herodes erobert Jerusalem Tod des letzten Hasmonäers Antigonus	ca. 7 v.Chr.	Geburt Jesu		
4 v.Chr. - 6 n.Chr.	Archelaus Ethnarch von Judäa und Samaria				
4 v.Chr. - 39 n.Chr.	Herodes Antipas Tetrarch von Galiläa und Peräa				
4 v.Chr. - 39 n.Chr.	Philippus Tetrarch von Ituräa und Trachonitis				
6	Judäa wird römische Provinz				
6-15	Hannas Hoherpriester			14-37	Kaiser Tiberius
18-36	Kaiphas Hoherpriester				
26-36	Pilatus Prokurator von Judäa	ca. 30	Kreuzestod Jesu		
		ca. 33 (35?)	Bekehrung des Paulus		
37	Herodes Agrippa I. König über die Tetrarchie des Philippus und über Abilene			37-41	Kaiser Caligula
39	Erweiterung seines Reiches um Galiläa und Peräa	44	Hinrichtung des Jakobus		
		ca. 47	Erste Missionsreise des Paulus	41-54	Kaiser Klaudius
41-44	Herodes Agrippa I. herrscht über das gesamte Reich Herodes d. Gr.			49	Vertreibung der Juden aus Rom
		ca. 49	Apostelkonzil in Jerusalem		
44	Judäa wieder römische Provinz	ca. 49-52	Zweite Missionsreise des Paulus		
48	Herodes Agrippa II. König von Chalkis				
52-56/60	Felix röm. Prokurator von Judäa	ca. 50-51	Paulus in Korinth	51/52	Gallio Statthalter von Achaja
		ca. 52-56	Dritte Missionsreise des Paulus		
53	Herodes Agrippa II. König über die Tetrarchie des Philippus und über Abilene	52-55	Paulus in Ephesus		
56/60-62	Festus röm. Prokurator von Judäa	55/56	Paulus überwintert in Korinth	54-68	Kaiser Nero
		Passa 56	Paulus in Philippi		
		Pfingsten 56	Gefangennahme des Paulus in Jerusalem		
		ca. 58/59	Reise des Paulus nach Rom		
		62	Der Herrenbruder Jakobus von den Juden gesteinigt		
66	Beginn des jüdischen Aufstandes gegen Rom	64	Erste Christenverfolgung unter Nero in Rom	69-79	Kaiser Vespasian
70	Titus zerstört Jerusalem				

Besuche und Briefe nach Korinth

Ereignis	Schriftbezug
Gründung der Gemeinde auf der zweiten Missionsreise	Apg 18,1-17
Abreise aus Korinth, Ankunft in Ephesus	Apg 18,18-19
Verfassen eines Briefes, der jetzt verloren ist	1Kor 5,9-13
Erhalt schlechter Nachrichten durch »die Hausgenossen der Chloe« und eines Briefes aus Korinth	1Kor 1,11; 7,1
Verfassen des Ersten Korintherbriefes	1Kor
Timotheus und Erastus werden nach Korinth gesandt	Apg 19,22; 1Kor 4,17; 16,10
Nachrichten über eine ernste Krise in Korinth, die durch jüdische Boten ausgelöst und in deren Rahmen die Autorität des Paulus in Frage gestellt wurde	2Kor 10,10; 11,23, 12,6-7
Eilige Reise nach Korinth (»schmerzlicher Besuch«)	2Kor 2,1; 12,14; 13,1
Schreiben des »ernsten Briefes« nach Korinth	2Kor 2,3-9; 7,8-12
Suche nach Titus in Troas und Mazedonien	2Kor 2,12-13
Begegnung mit Titus, der berichtet, dass in Korinth das Schlimmste vorüber ist	2Kor 7,6-16
Verfassen des Zweiten Korintherbriefes	2Kor
Dritter Besuch in Korinth	Apg 19,21; 20,3; 2Kor 13,1

Anmerkungen

Teil 1: Die Evangelien

1 Craig Blomberg, The Historical Reliability of the Gospels, Leicester 1987, S. 196

2 Plinius, Briefe 10, 96/7

3 Tacitus, Annalen 15, 44

4 Blomberg, a.a.O., S. 196 f

5 Antiquitates 18, 63-64

6 Josephus, Jüdische Altertümer, Bd. 1, S. 515 f (Arabischer Text)

7 Rudolf Bultmann, Geschichte der Synoptischen Tradition, Göttingen, 1970 (1921); Ders.: Jesus, Tübingen, 1926; Ernst Käsemann, Das Problem des historischen Jesus, in: Exegetische Versuche und Besinnungen II, Göttingen 1964; Ders.: Die Anfänge christlicher Theologie, a.a.O.; Ders.: Sätze heiligen Rechts im NT, a.a.O.

8 Rudolf Bultmann, Theologie des NT, Seite 1 f.

9 So zum Beispiel Eugen Drewermann in seinem Kommentar zum Matthäusevangelium.

10 Blomberg, a.a.O., S. 25-30

11 Rainer Riesner, Jesus als Lehrer, Tübingen 1988, S. 102 ff

12 Riesner, a.a.O., S. 487 ff

13a Vgl. Das Große Bibellexikon, Bd. 1, Wuppertal/Zürich, S. 283-285.

14b Vgl. ebda., S. 605 und: Jerusalemer Bibellexikon, Stuttgart 1990, S. 256.

15 Peiner Allgemeine Zeitung vom 25.3.1992

16 Dokumentarfilm »Unbekannter Jesus« von Carsten Peter Thiede, Bayerisches Fernsehen 1992.

17 ebd.

18 Rheinischer Merkur, November 1991

19 Heinz Warnecke, War Paulus wirklich auf Malta?, Stuttgart 1992, S. 125 f

20 Für alle Ausführungen zu diesem Abschnitt: Vgl. Otto Betz/Rainer Riesner, Jesus, Qumran und der Vatikan - Klarstellungen, Gießen 1993

21 Martin Hengel, Judentum und Hellenismus, 1973; Ders.: Christologie und neutestamentliche Chronologie, in: Neues Testament und Geschichte, Festschrift für O. Cullmann, 1972, S. 43-67. Vgl. auch Howard Marshall, Palestinian and Hellenistic Christianity: Some Critical Comments, NTX 19 / 1972/73, S. 271-287.

22 Barbara Thiering, Jesus von Qumran - Sein Leben - neu geschrieben, Gütersloh 1993

23 Rainer Riesner, Buchkritik, Idea-Spektrum 35/93, S. 26

24 Betz/Riesner, a.a.O., S. 130-132

25 Riesner, a.a.O.

Teil 2: Von der Apostelgeschichte zum Buch der Offenbarung

1 Vgl. Michael Green, Evangelisation zur Zeit der ersten Christen, Stuttgart, 1977, S. 13.

2 Vgl. Michael Green, a.a.O., S. 300-302.

3 Vgl. Michael Green, a.a.O., S. 14-15.

4 Vgl. Michael Green, a.a.O., S. 21-28.

5 Tacitus, Historien 5, 5. Vgl.: Michael Green, a.a.O., S. 24.

6 Gang durch Korinth - Die Ausführungen basieren u. a. auf folgender Quelle: Das große Bibellexikon, Bd. 3, Wuppertal, Zürich 1996, S. 1264-1270 und: Hans-Josef Klauck, Gemeinde zwischen Haus und Stadt, Freiburg 1992, S. 17.

7 Die Angaben in der Literatur über die Zahl der Einwohner von Korinth schwanken zwischen 50.000 und 100.000. Offensichtlich beruhen alle Angaben über die Bevölkerungszahlen auf Schätzungen. Die neuesten Zahlen (z. B. im Großen Bibellexikon, a.a.O., S. 1265), sprechen von 50.000 Einwohnern, deshalb auch hier so angegeben.

8 Quellen zur Gnosis: Das große Bibellexikon, Bd. 2, Wuppertal/Zürich 1996, S. 734-739.

9 Justin, Dialog mit Trypho, S. 89. Vgl.: Michael Green, a.a.O., S. 32.

10 Vgl. W.G. Kümmel, Einleitung in das Neue Testament, Heidelberg 1980, S. 314-320. Zur kritischen Auseinandersetzung mit der bibelkritischen Position: J.F. Walvoord/Roy B. Zuck (Hrsg.), Das Neue Testament erklärt und ausgelegt, Bd. 5, Stuttgart 1992, S. 147f. Und: D.A. Carson/Douglas J. Moo/Leon Morris, An Introduction to the New Testament, Leicester 1992, S. 305-316.

11 Vgl. W.G. Kümmel, a.a.O., S. 298-305. Zur kritischen Auseinandersetzung mit der bibelkritischen Position: J.F. Walvoord/Roy B. Zuck (Hrsg.), a.a.O, Bd. 5, Stuttgart 1992, S. 217f. Und: D.A. Carson/Douglas J. Moo/Leon Morris, a.a.O., S. 331-342.

12 Die Bibelkritik zur Apostelgeschichte - vgl. W.G. Kümmel, a.a.O., S. 120-155. Zur kritischen Auseinandersetzung mit der bibelkritischen Position: J.F. Walvoord/Roy B. Zuck (Hrsg.), a.a.O, Bd. 4, Stuttgart 1992, S. 443-447. Und: D.A. Carson/Douglas J. Moo/Leon Morris, a.a.O., S. 181-213.

13 Quellen zur Malta-Problematik: Heinz Warnecke, Die tatsächliche Romfahrt des Apostel Paulus, Stuttgart 1989; H. Warnecke/T. Schirrmacher, War Paulus wirklich auf Malta?, Stuttgart 1992.

14 Die Bibelkritik zu den Briefen der Umbruchszeit: W.G. Kümmel, a.a.O., S. 323-341. Zur kritischen Auseinandersetzung mit der bibelkritischen Position: J.F. Walvoord/Roy B. Zuck (Hrsg.), Das Neue Testament erklärt und ausgelegt, Bd. 5, Stuttgart 1992, S. 297-301. Und: D.A. Carson/Douglas J. Moo/Leon Morris, a.a.O., S. 359-371.

15 Vgl. J. Roloff, Neues Testament, Neukirchen 1982, S. 62-76.

16 Vgl. Ernst Käsemann, Amt und Gemeinde im Neuen Testament, in: EVB I, 1975 (6. Aufl.), S. 109-134.

17 Vgl. W.G. Kümmel, a.a.O., S. 341.

18 Die Bibelkritik zu den Petrusbriefen: W.G. Kümmel, a.a.O., S. 367-375.378-383. Zur kritischen Auseinandersetzung mit der bibelkritischen Position: J.F. Walvoord/Roy B. Zuck (Hrsg.), Das Neue Testament erklärt und ausgelegt, Bd. 5, Stuttgart 1992, S. 443-445.473-477. Und: D.A. Carson/Douglas J. Moo/Leon Morris, a.a.O., S. 421-431.433-443.

19 Quellen zur Verfasserschaft der Offenbarung: W.J. Ouweneel, Das Buch der Offenbarung, Bielefeld 1995, S. 17-22; Robert L. Thomas, Revelation 1-7, Chicago 1992, S. 2-19.

Rudolf Möckel

Gottes zuverlässige Urkunde

Was jeder über die Glaubwürdigkeit des Alten Testaments wissen muß

CV
Taschenbuch
96 Seiten
Best.-Nr. 273138
DM 9,80

Eine leichtverständliche Auseinandersetzung mit der bibelkritischen Sicht, ihre Darstellung in Grundzügen und ihre Umgangsweise mit dem Alten Testament. Der Autor hat das Ziel, auch die umstrittensten Teile der Bibel als zuverlässiges, präzises und unfehlbares Wort Gottes zu untermauern.

Ein Gang durch das AT von den fünf Büchern Mose über die Landnahme bis zu den Propheten mit vielen Bezügen zur Archäologie des Altertums zeigt: Das Alte Testament ist ein absolut vertrauenswürdiges Dokument von Gott.